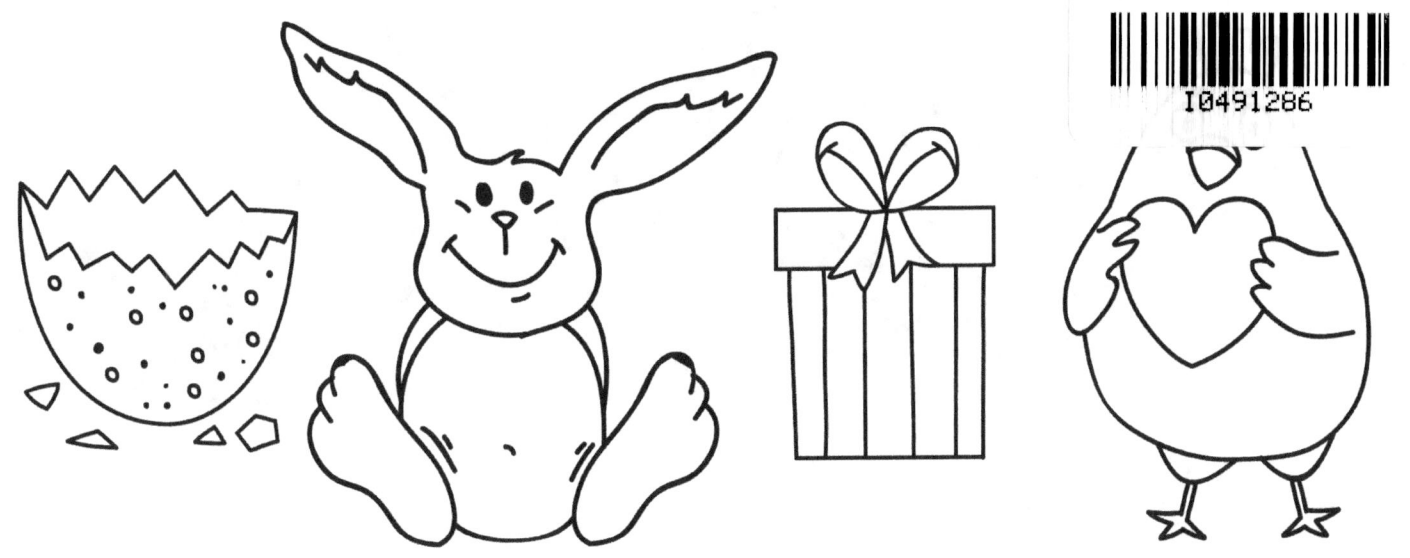

The Eggtreme
Easter Activity Book
FOR KIDS

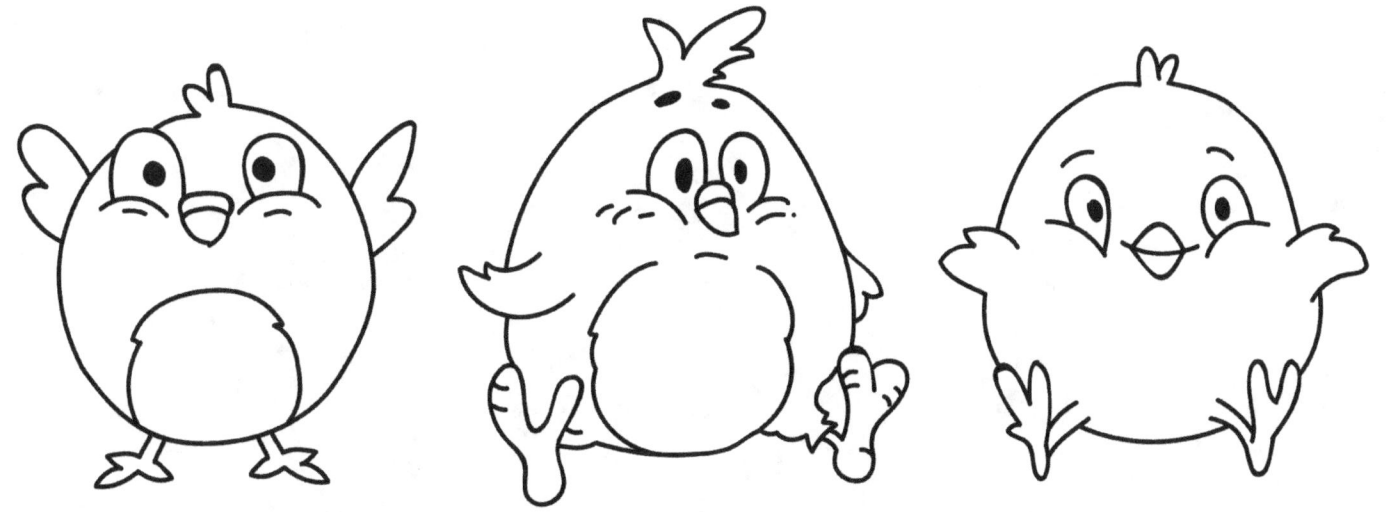

THIS WONDERFUL BOOK BELONGS TO:

_____

FOLLOW THE NUMBERS IN ORDER TO CREATE THE PICTURE!

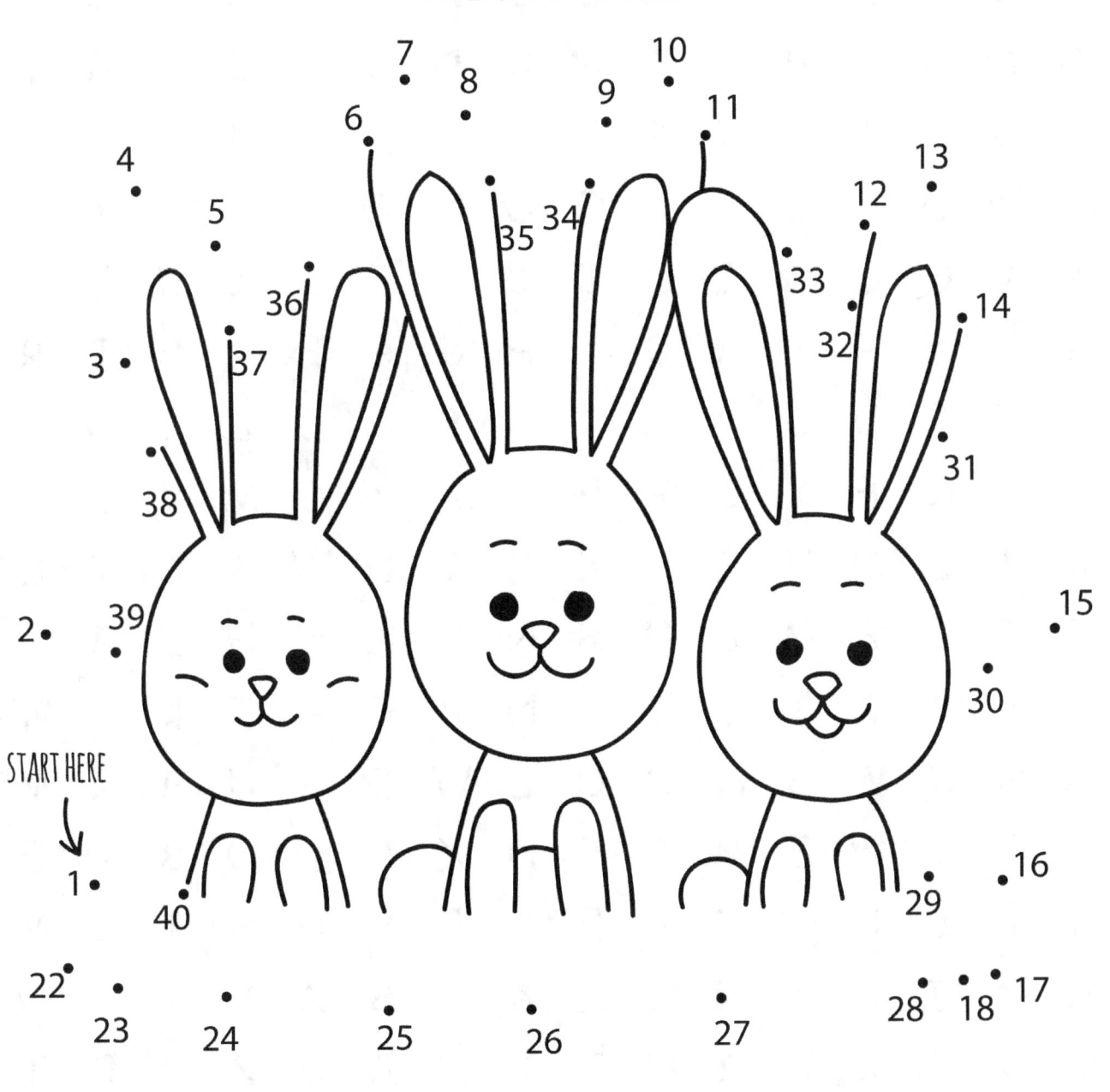

EASTER AROUND THE WORLD!

```
C N G A W T L R B J W C B X K S A
Z O O A X R V A N U D U N I Y A V
Z Z B R C P K B B E Y T T A P Y W
R X W D T I C L Q O N Z P C M K E
M M V Q Q H T O O C L C S I C L U
Y G H S A B A C Y H G G F R F I R
K P F E U S V M R G S G O E I W O
M H J Q E X I V E L Z O M V G P
P J I Z N H P F X R T D W A U J E
I I Z F E M B N S N I N N H Z A O
A I L A R T S U A N B C A T K F W
L N W M W S H U O E W G A U A R M
G F F V W E M S K H X K L O B I E
V J L C R W Z H F R P V U S T C M
W O A J L L N W X A B S A Y X A O
X X Y T K Z R N I X H A D Z P P T
D N M O H M R N W A I S A B D Z Q
```

Africa   Antarctica   Asia   Australia
Europe   Global   North America   South America

6

SPOT 5 DIFFERENCES

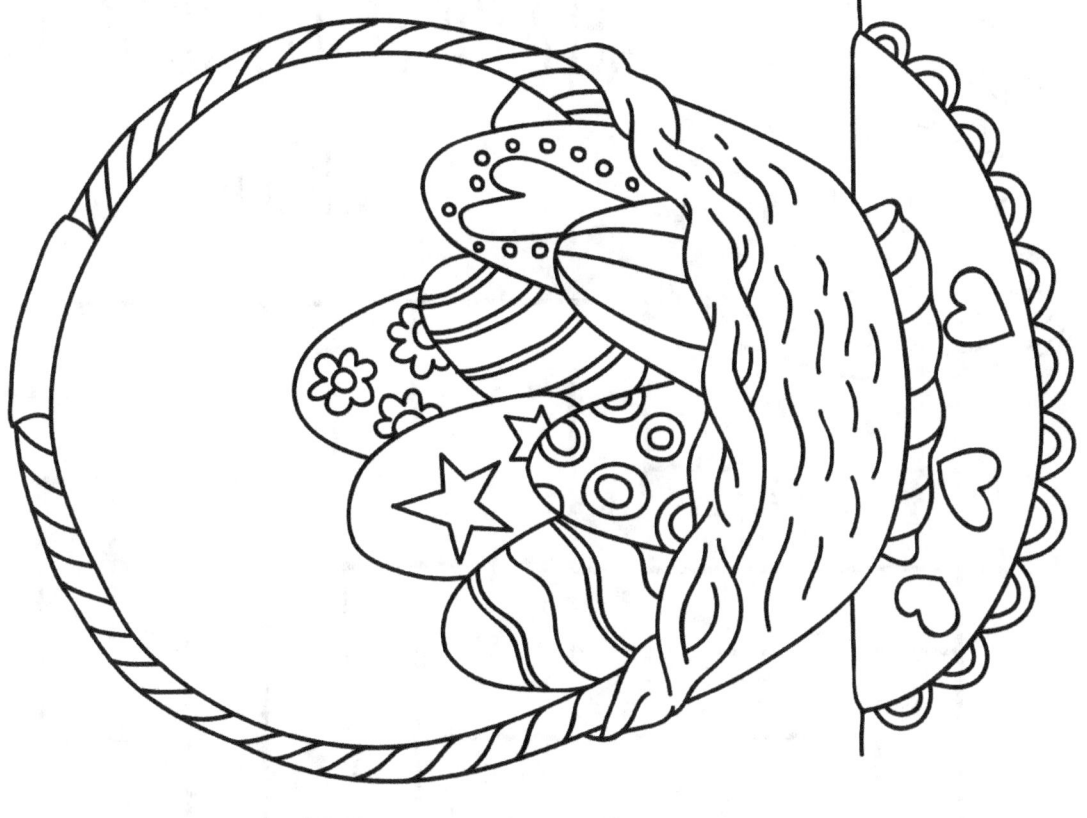

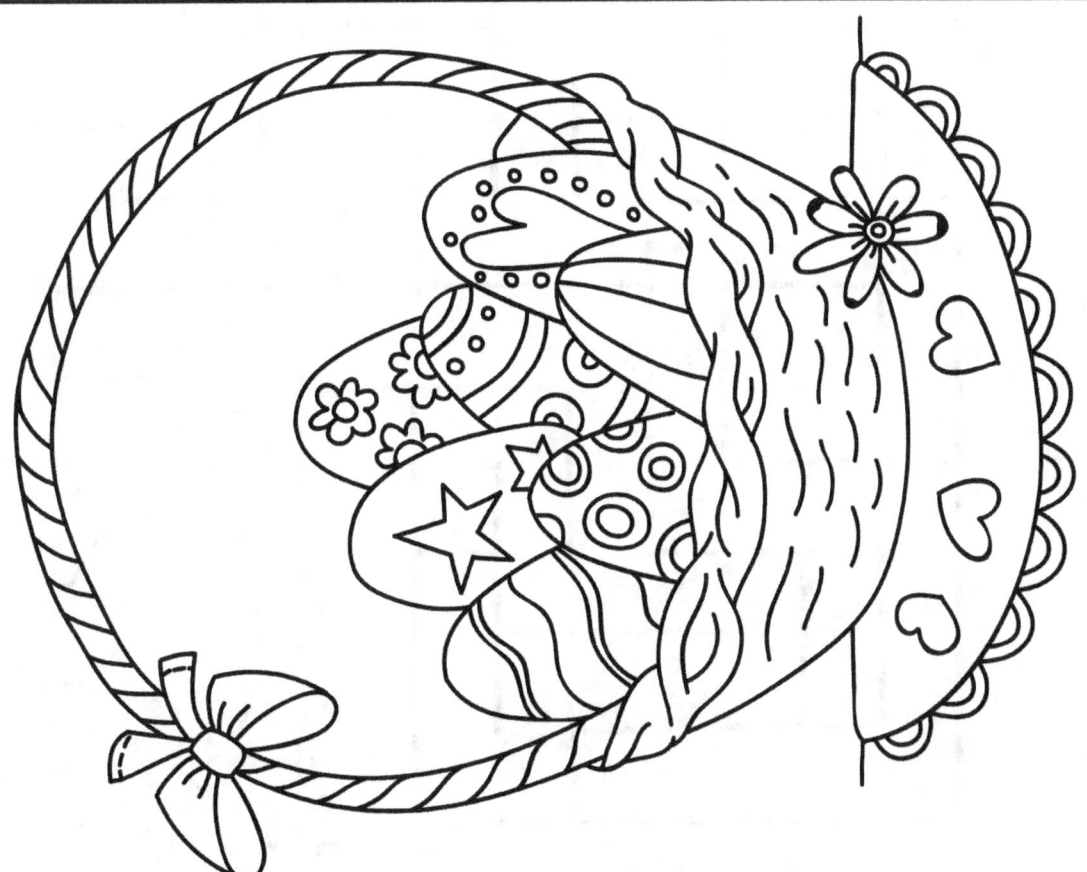

1 - bow on the handle , 2 - ribbon on the handle , 3 - pattern on the egg in the center , 4 - flower on the bottom , 5 - bottom part of the basket

HELP THE HEN FIND HER BABY CHICK!

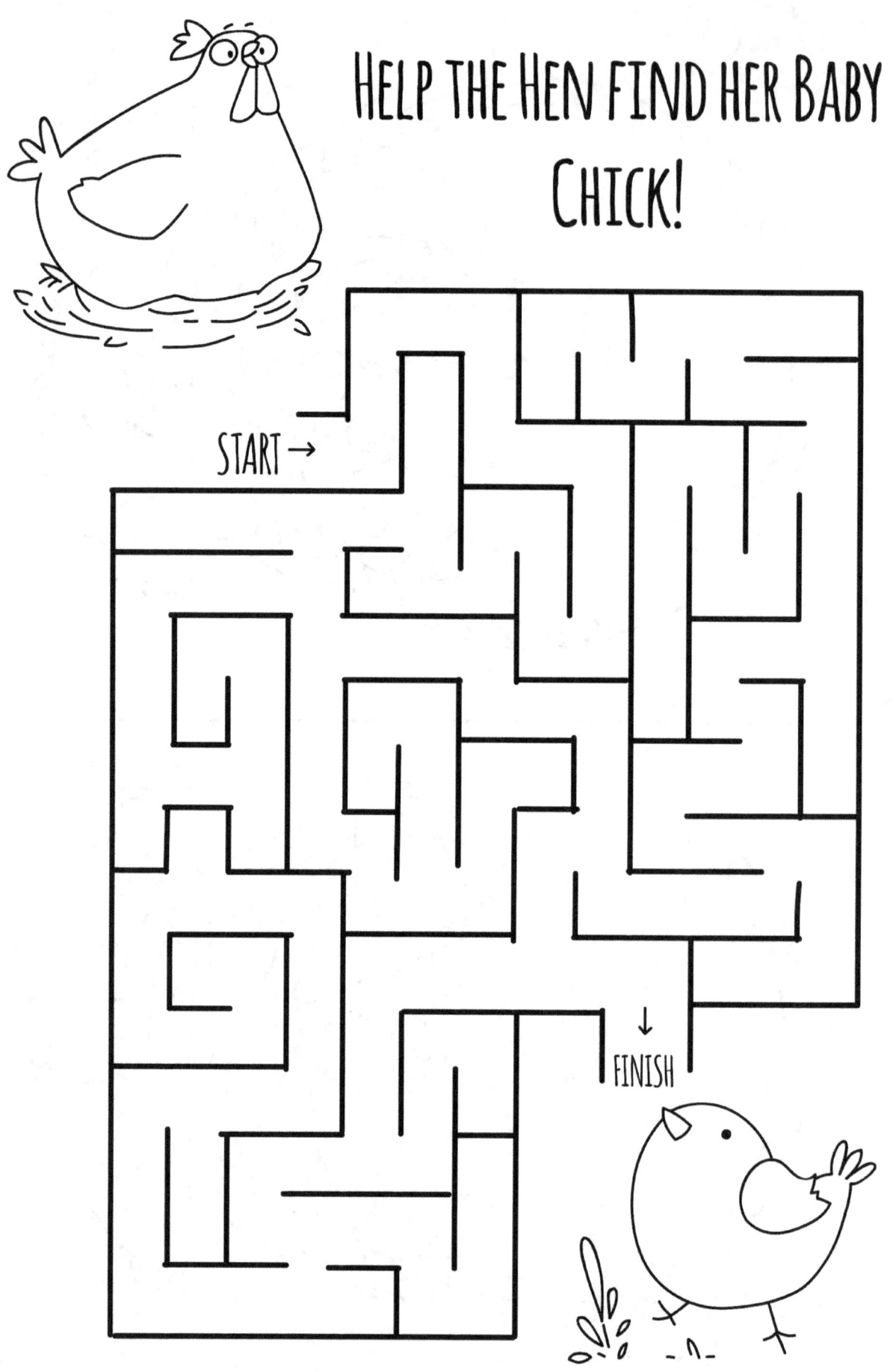

START →

↓
FINISH

FOLLOW THE NUMBERS IN ORDER TO CREATE THE PICTURE!

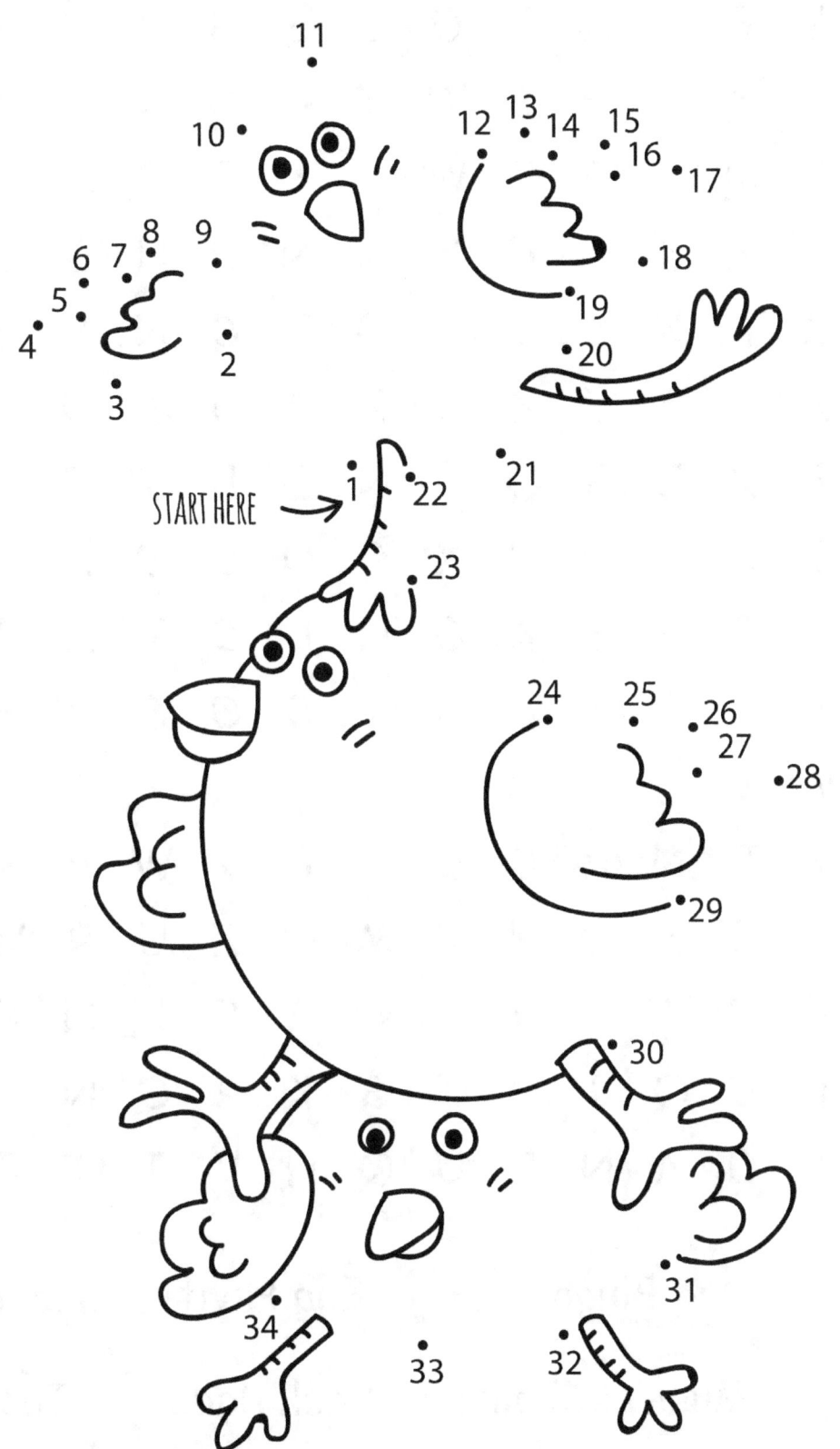

START HERE

EASTER GAMES FOR ALL!

```
D U O S R I A H C L A C I S U M Q
R R R B E A N T O S S S Y U J L S
Q Y K I X E H S W V P N R D J D D
B Z I B Q P R Q W I F P C M H X I
K K G B X K O C M T N U H G G E A
Y M Z K F X S C I Q T C N E E H D
D G Q A V J Y Z R R A D I O C F R
J Q V F X D B Q A N E B J T T O R
V V M I Z O Y Q X G O L O A C D Q
Y E K O P Y E K O H L C I H J E Z
H T A S T E T E S T S O S A E C U
G K H W V E F Q B P I V P I K A W
T M A Z F N R G O I F Y W P V R T
O U F F G A O H K M N Z U R W K L
P P Z F C W X R Z W A G L N G C D
V Z A F C Q J M J S K R O N J A R
W D I P O A N R U Q H V T T J S C
```

Bean Toss   Bingo   Egg Hunt   Hokey Pokey

Hop
Scotch   Musical Chairs   Sack Race   Taste Test

SPOT 5 DIFFERENCES

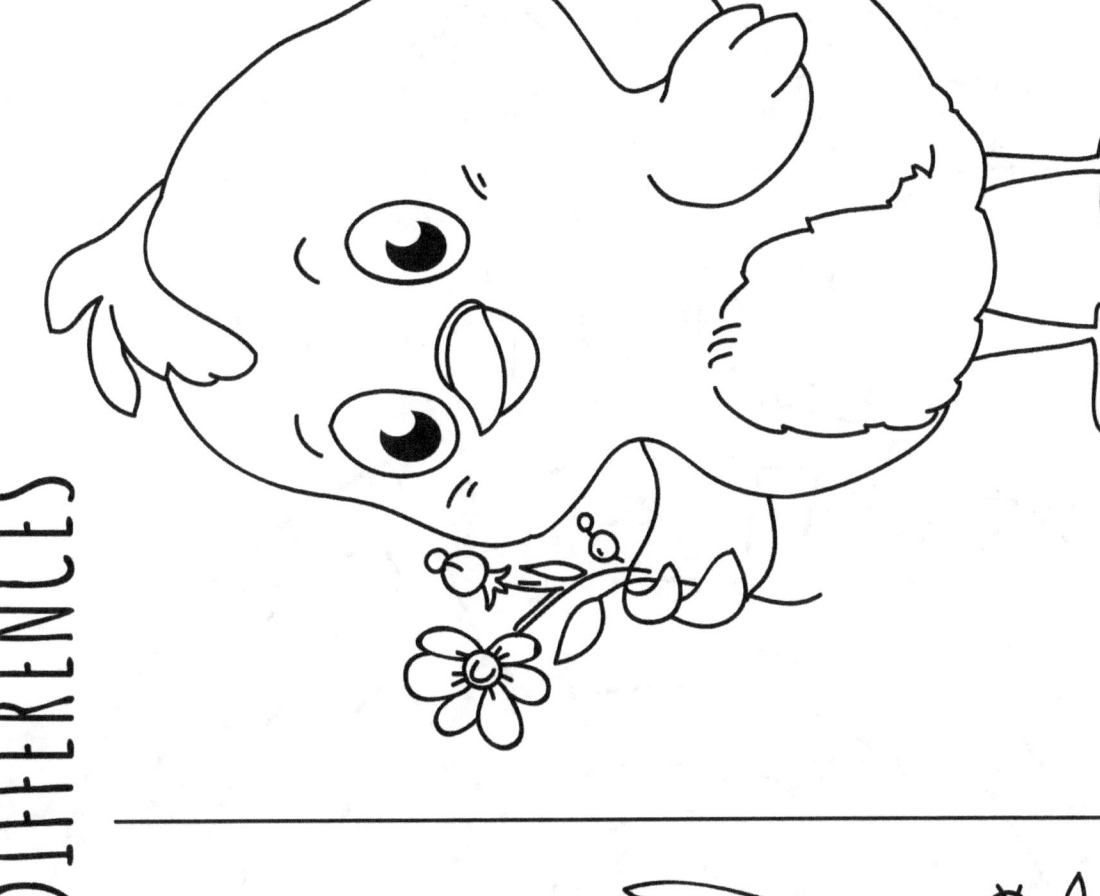

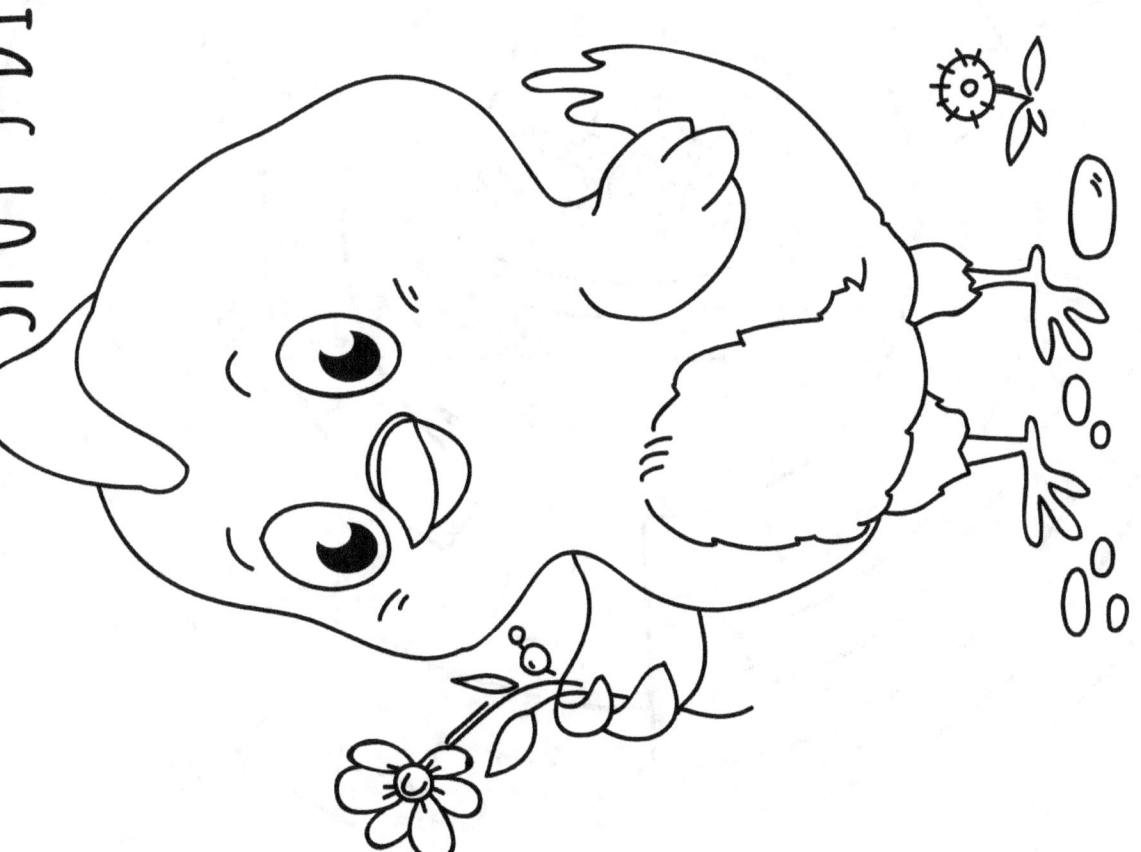

Help the kids find the Easter Basket!

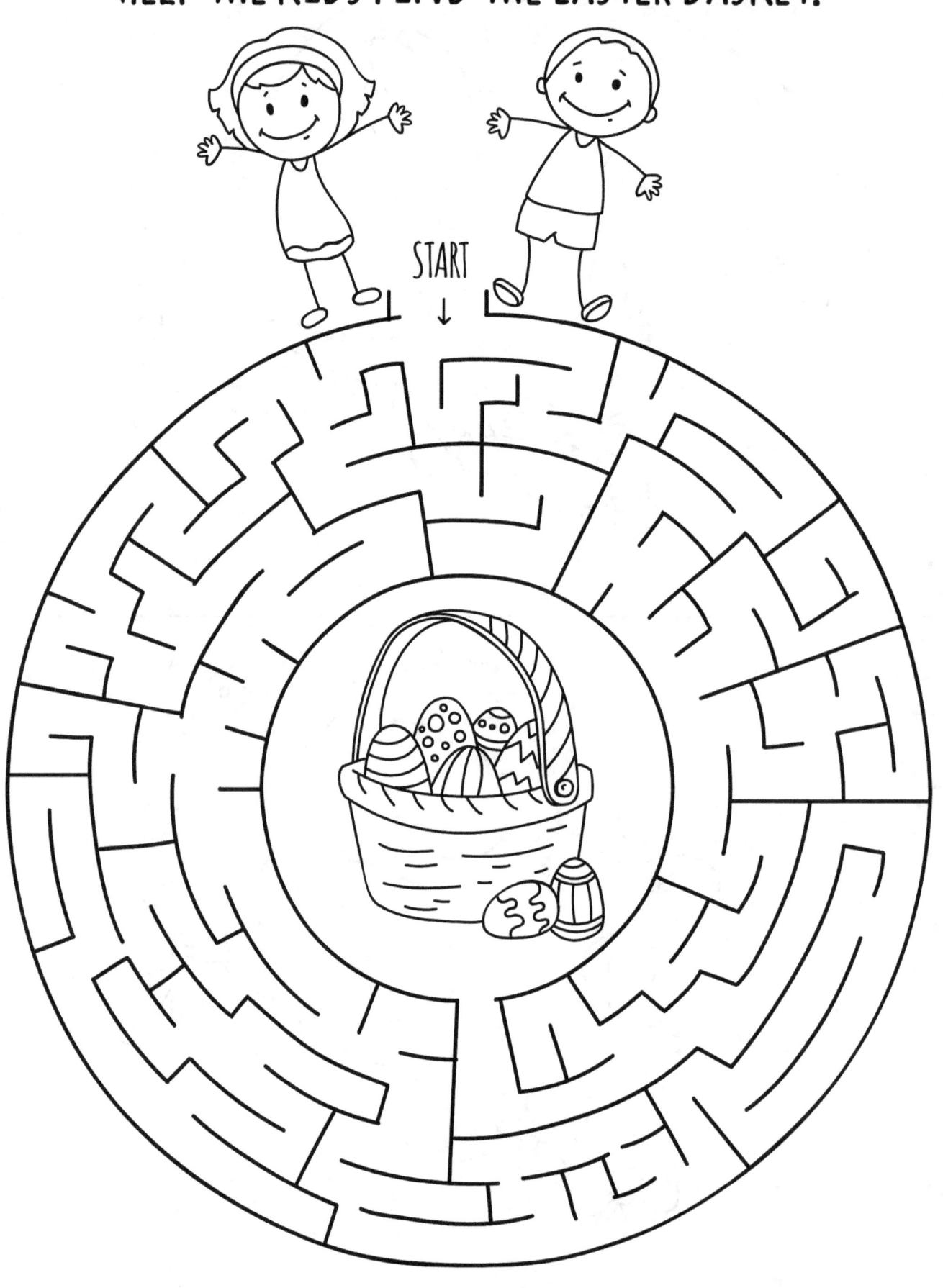

START
↓

FOLLOW THE NUMBERS IN ORDER TO CREATE THE PICTURE!

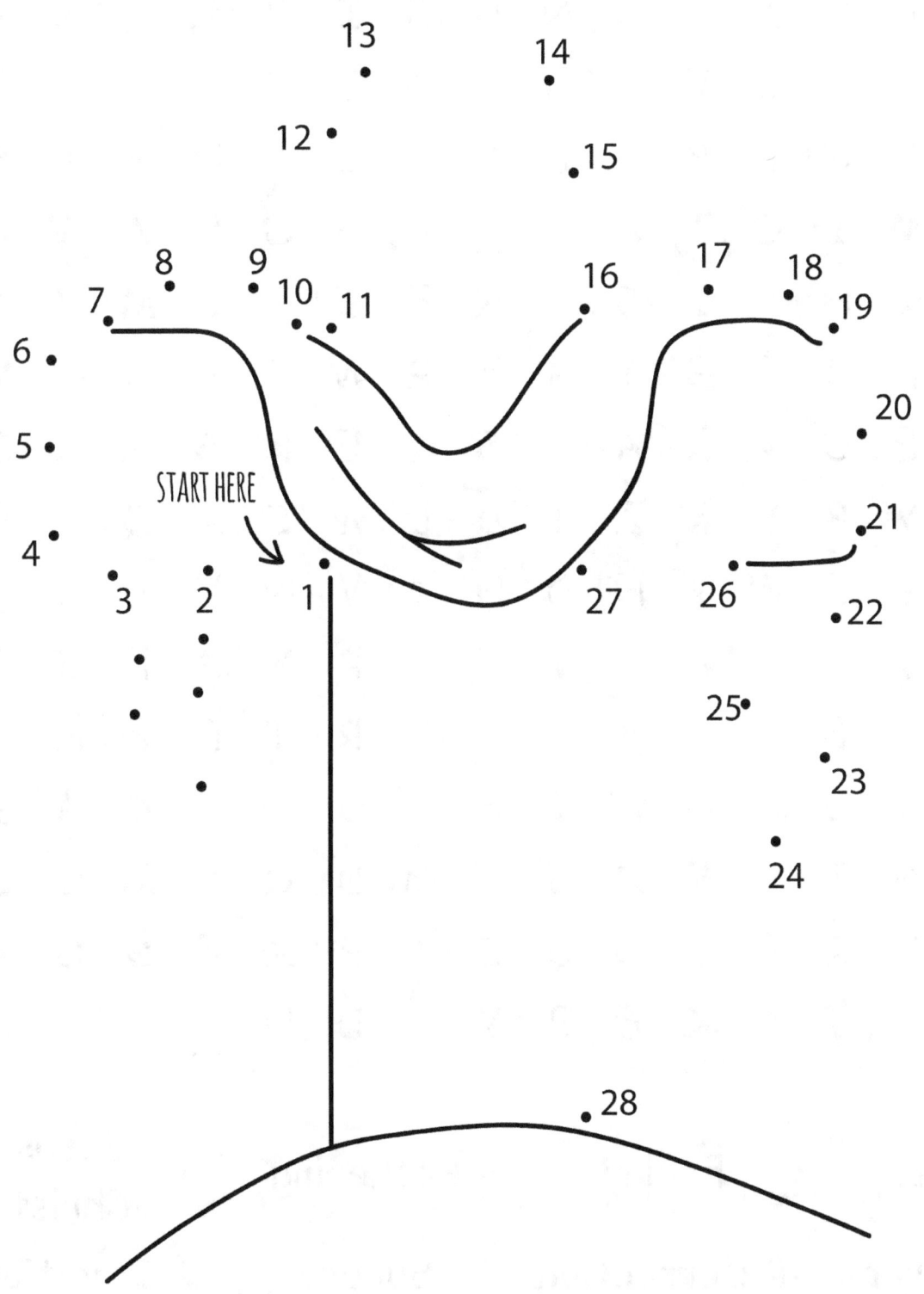

EASTER SUNDAY!

```
X N N O I T C E R R U S E R C A O
V G V P H O H W E N C F W U E F C
N L C D X J R N U G I P M Q N R B
M L U C L V E D W D M C S L S Q Q
W V E N K P J E S U S C H R I S T
X A M I O T A G E K A O D A W K T
P X Q H S I S T N E G I S M V A A
I L F A G G T A X R W I V U Q M T
K G E U V R A I S W E F S M X S P
N F Y B Y K Z T D L W S T Q I M C
J F G I W Y N D H A V N N E L N Y
V B J N F W T V O E R X A F S Z A
O K Q B L O V Y F E R T R F H T D
Z E Z U D G W I F Y G I V C A B N
R C G Z F M X U T M D U N M U J U
D F V R E V O S S A P X F G O A S
V D L J D K E P Y D D U S V U I W
```

Feast	Friday	Gathering	Jesus Christ
Passover	Resurrection	Sunday	Tradition

14

SPOT 5 DIFFERENCES

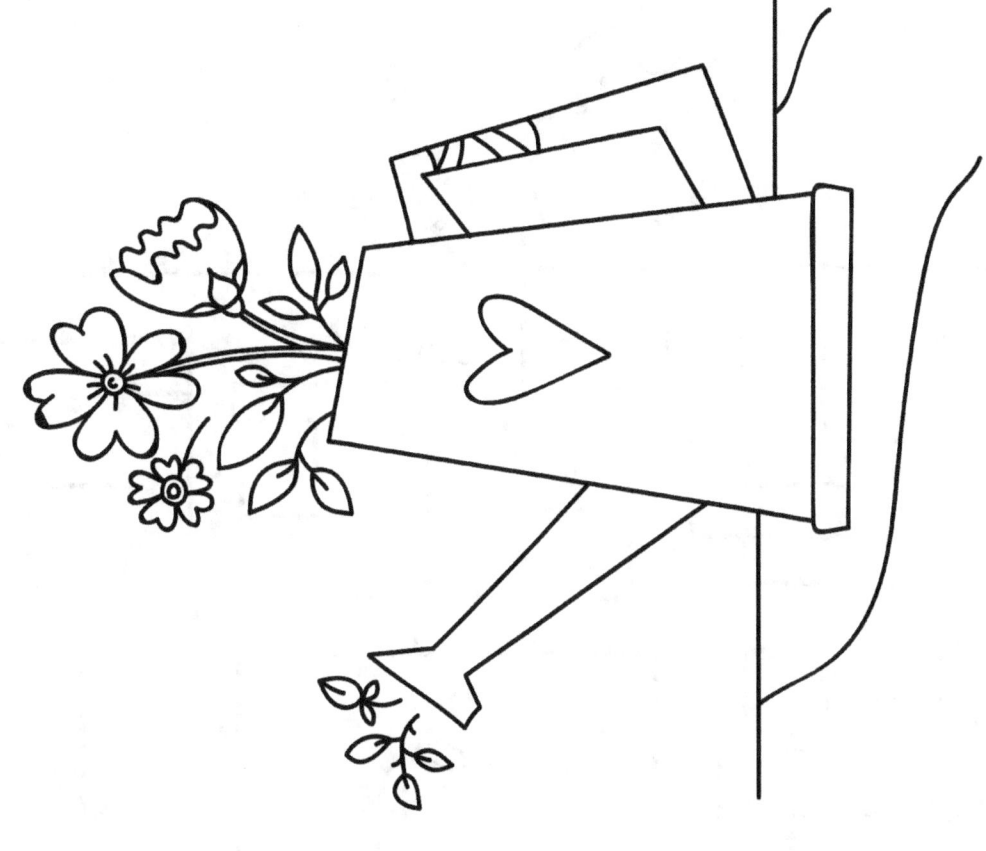

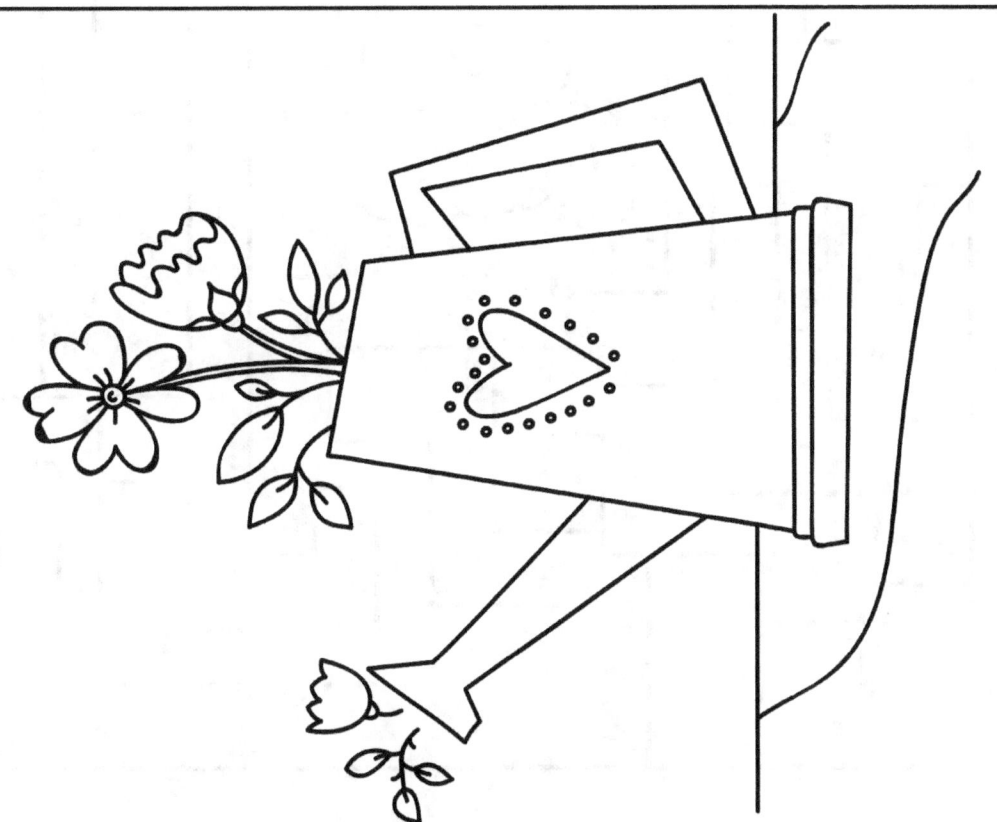

1 - pattern on the pot , 2 - flower on the upper left , 3 - ribbon on the handle , 4 - flower on the left side , 5 - bottom part of the pot

HELP THE BABY CHICKS FIND THEIR MOM!

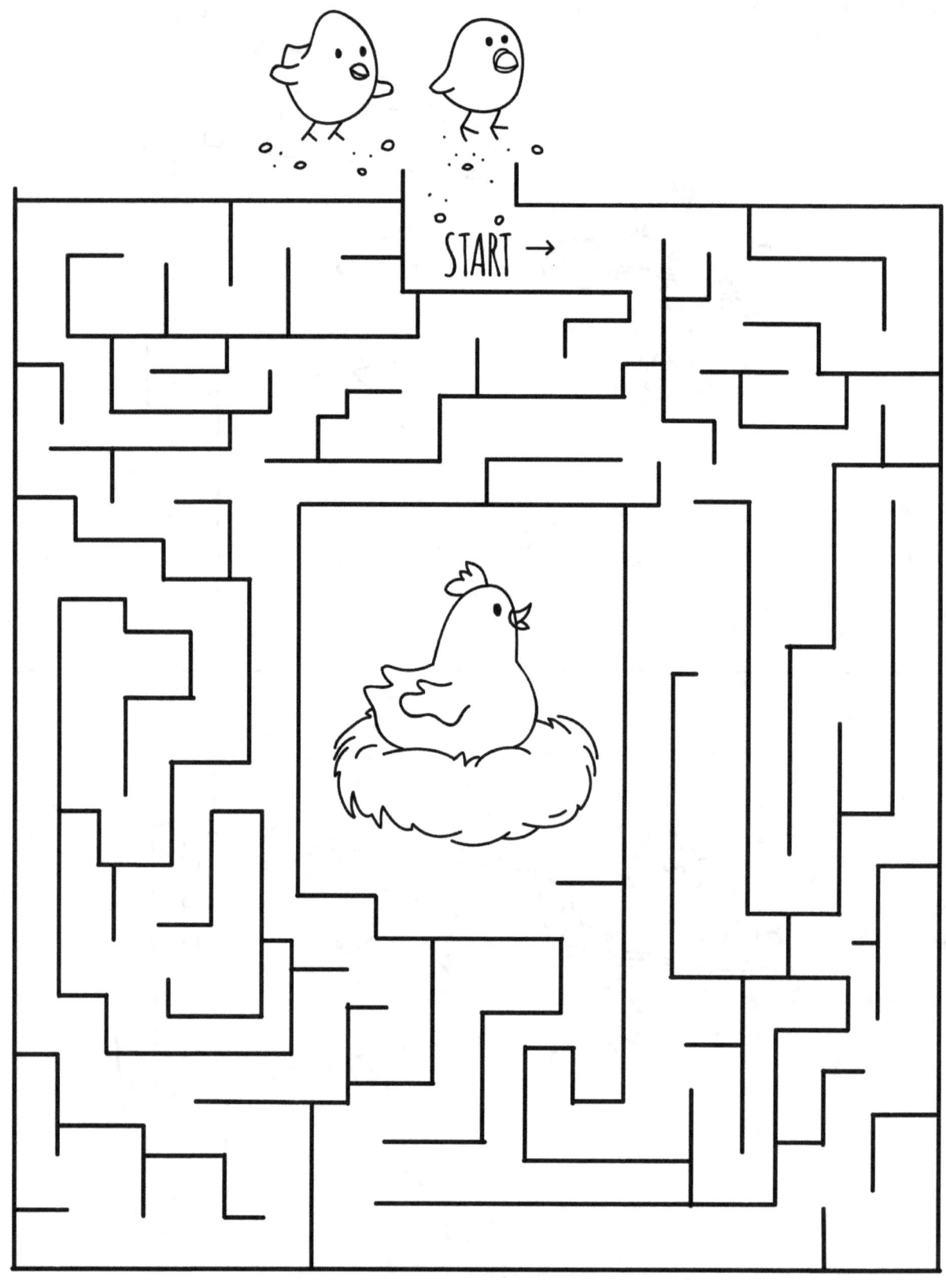

START →

FOLLOW THE NUMBERS IN ORDER TO CREATE THE PICTURE!

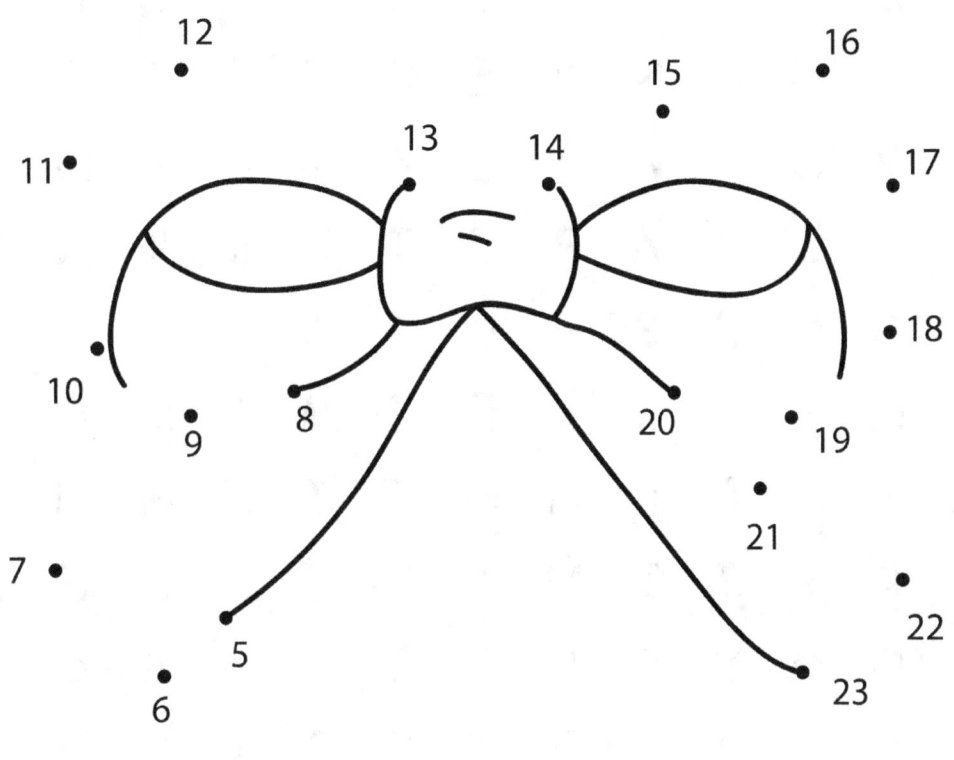

12
16
15
13 14
11
17
10
8 18
9
20
7 19
5 21
6 22
23
24

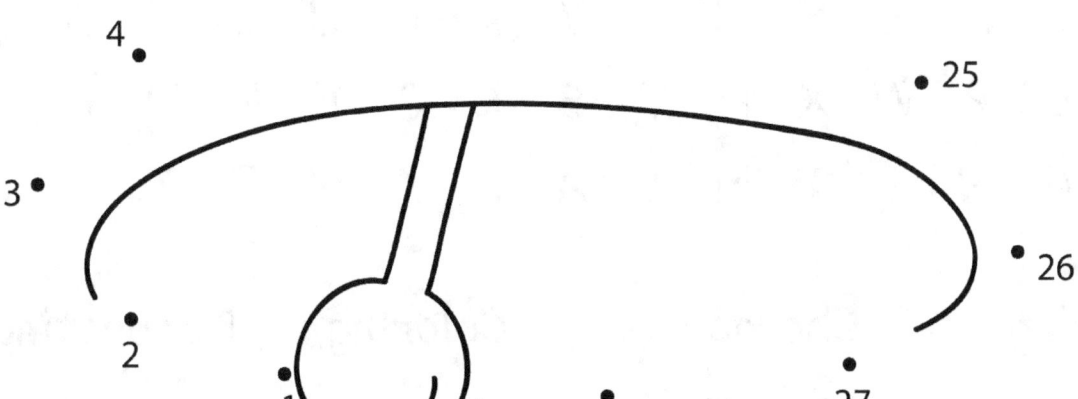

4
25
3
26
2
27
1
START HERE
29 28

FUN EASTER ACTVITIES!

```
B  L  Z  J  A  A  U  U  C  U  M  I  K  L  S  B  H
Q  C  V  B  D  V  V  Z  Y  L  I  F  Q  Q  P  K  X
O  I  E  T  V  M  M  N  Y  E  A  F  E  I  J  E  T
B  Q  C  S  Y  S  P  W  E  E  A  T  I  Z  N  E  T
L  K  B  G  N  I  K  A  B  G  T  L  K  K  N  S  Z
S  X  B  E  G  M  P  P  L  D  A  D  K  O  D  D  P
Q  G  V  C  N  Z  G  K  K  E  J  M  D  M  C  N  A
K  N  I  M  I  H  P  L  H  H  J  J  E  W  N  A  R
P  I  C  C  R  Y  J  I  N  I  R  E  J  S  J  E  A
Y  T  R  Z  O  M  Y  R  F  E  B  W  G  A  C  D  D
T  A  F  N  L  E  A  C  F  J  O  P  K  K  H  I  E
C  R  H  G  O  O  R  X  E  Q  T  A  J  Y  A  H  M
E  O  N  P  C  E  Y  T  K  C  L  A  N  V  R  V  S
B  C  N  O  C  R  S  V  L  N  A  M  W  T  A  O  V
S  E  C  X  E  S  N  H  Y  R  L  U  C  T  D  O  B
R  D  C  B  W  X  H  M  S  K  J  E  H  H  E  X  T
R  L  G  N  I  T  N  I  A  P  A  H  E  Z  S  L  H
```

Baking	Charades	Coloring	Decorating
Games	Hide and Seek	Painting	Parade

SPOT 5 DIFFERENCES

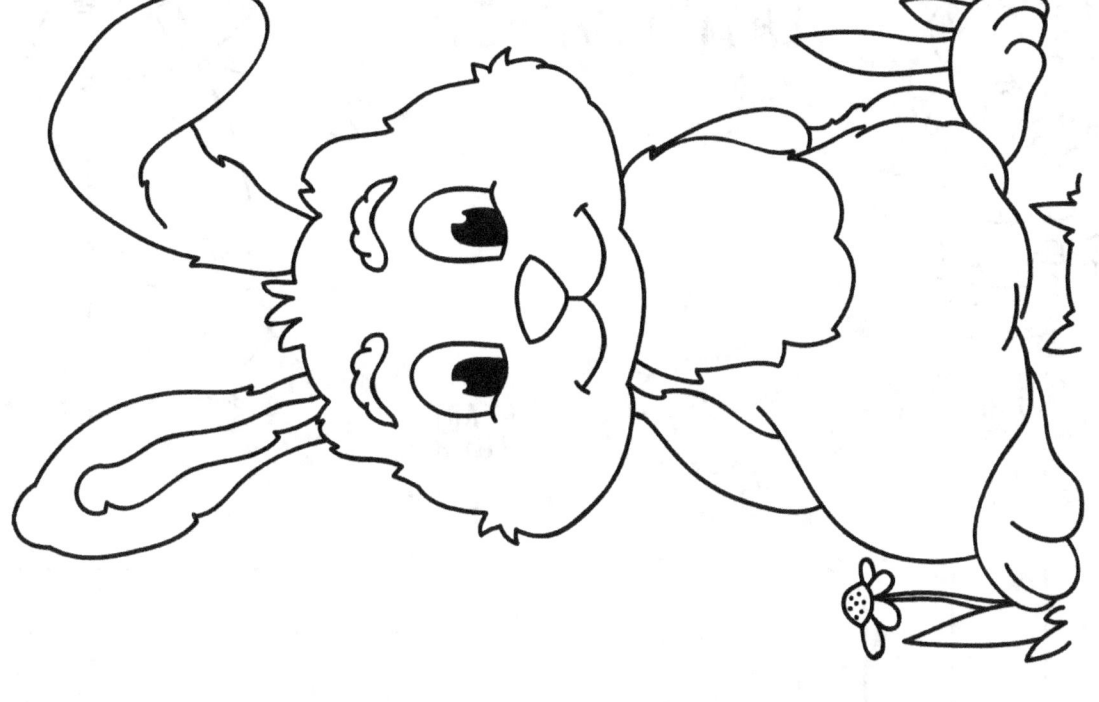

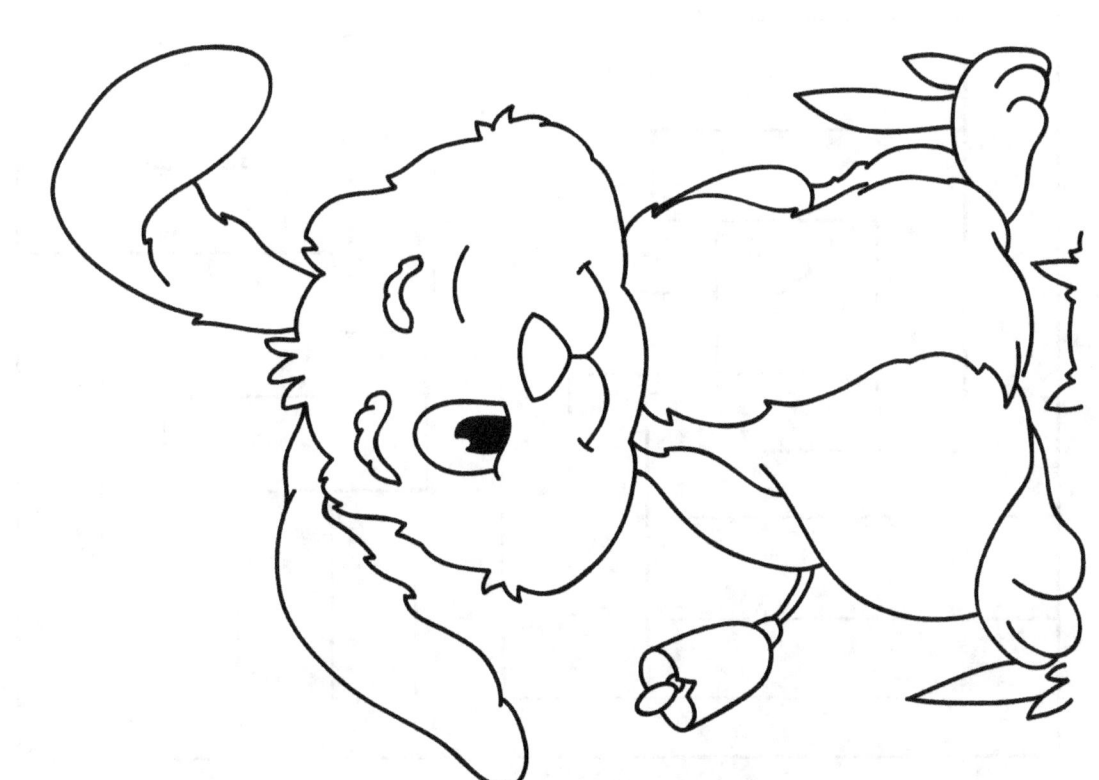

1- flower behind the bunny , 2- bunny's right eye , 3 - bunny's front fur , 4 - bunny's left ear , 5 - flower on the bottom left

Help the boy find the Easter Basket!

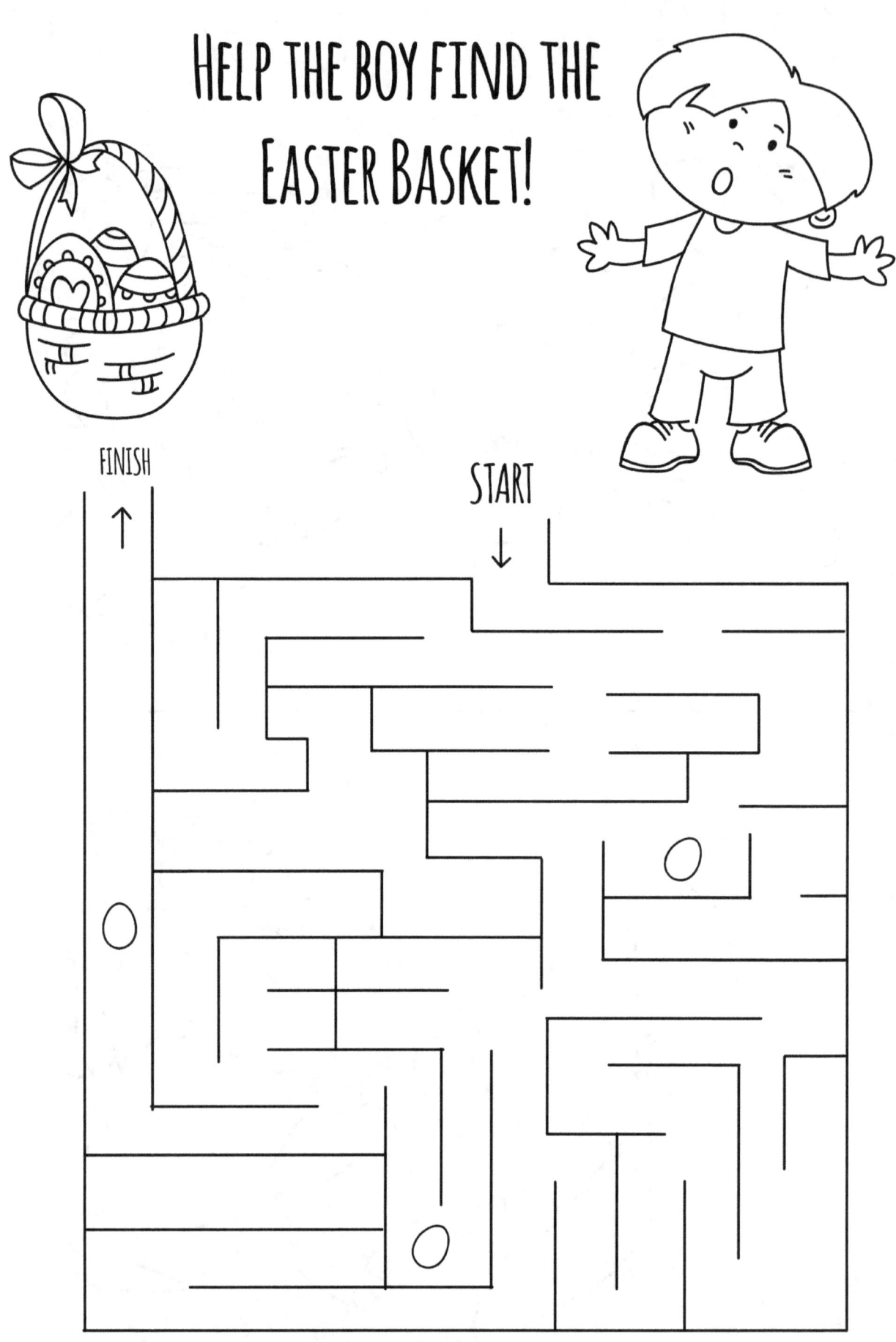

FINISH

START

FOLLOW THE NUMBERS IN ORDER TO CREATE THE PICTURE!

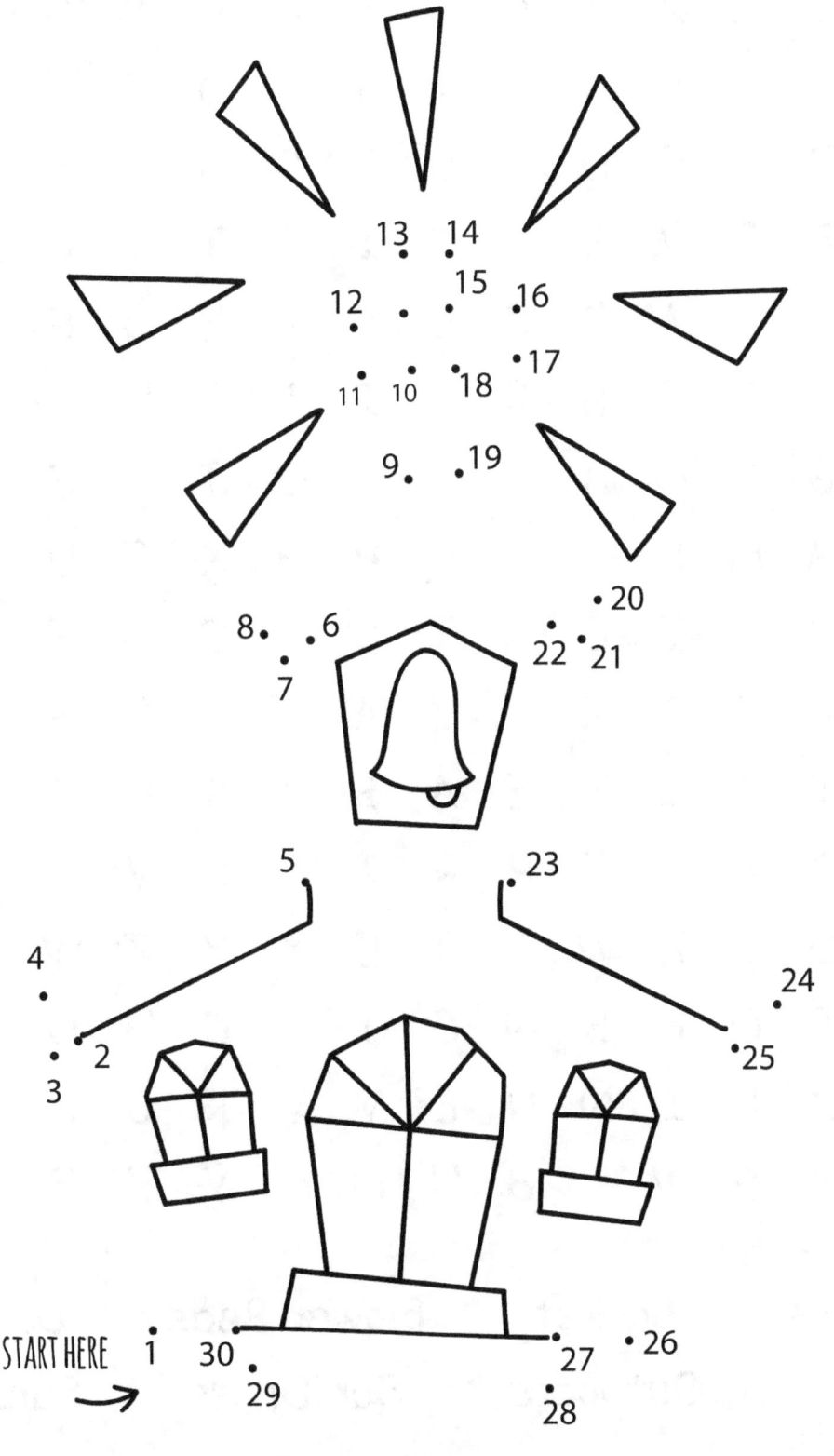

START HERE →

IT'S AN OUTDOOR CELEBRATION

```
O N L Y S U N S H I N E S T M G N
K L S C Q X Z C G F D H P S F H B
R B H T A G J T Q X P D I C H B B
A X S R O O D T U O S D S F G C I
U K Y R E M K S S I A T J U M M M
N P I Y D W R C L C G E B G B F W
K K V Z I G G G T I I B H H C A L
T W F G O O A I L P O J E S Q U T
P I J A M R V Z Q R H X P D A B Q
R G X B D I C S T B I O N E N T H
E U X E T Q K S Y A C F E B F Z G
Y V N I S L H E A S V R U R F T Z
I K E D B A J R R K Y L V E W Y J
R S Z D P Z W D J E X Y Z W X O R
L E W P O F B N G T G C H O C J R
C S Y X E I N U E M V K B L L A Y
L B U S S W L S H N M Y E F P F F
```

Activities   Basket   Flower Beds   Garden
Happy   Outdoors   Sun Dress   Sunshine

SPOT 5 DIFFERENCES

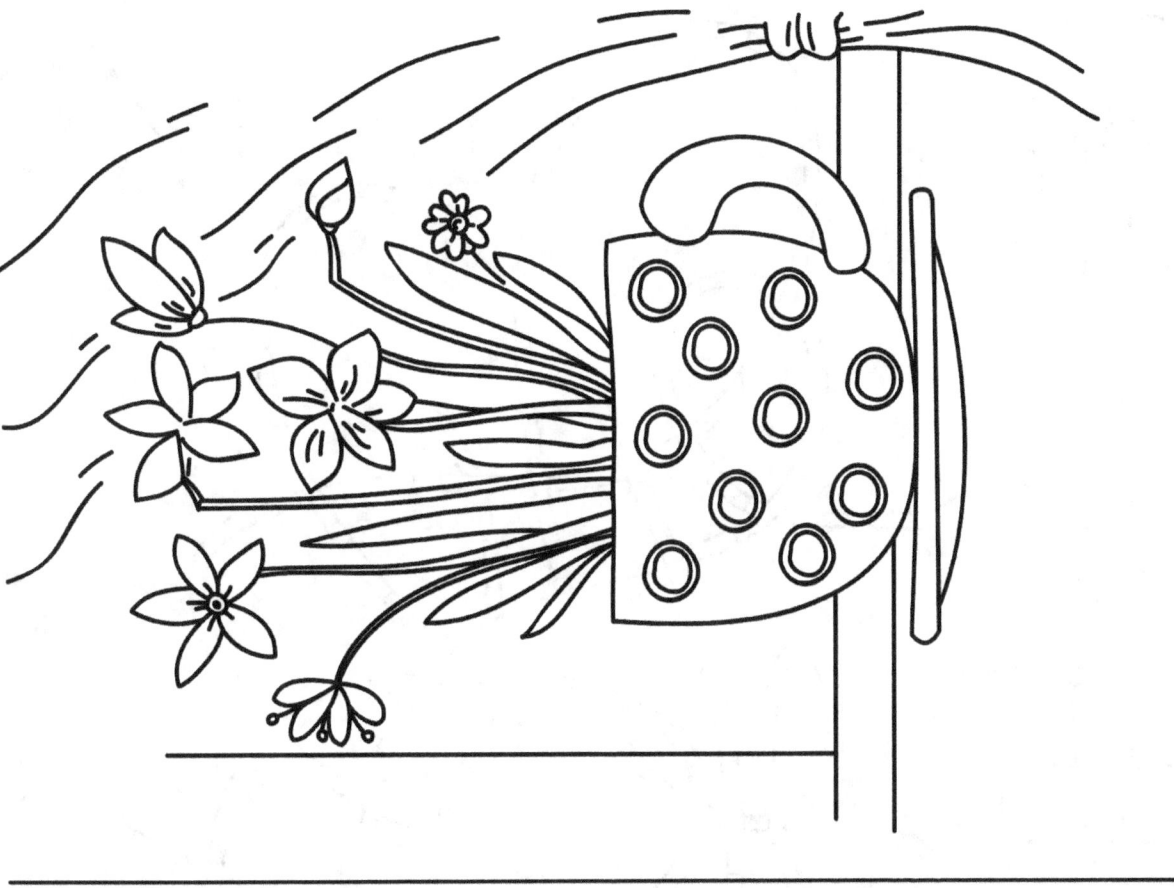

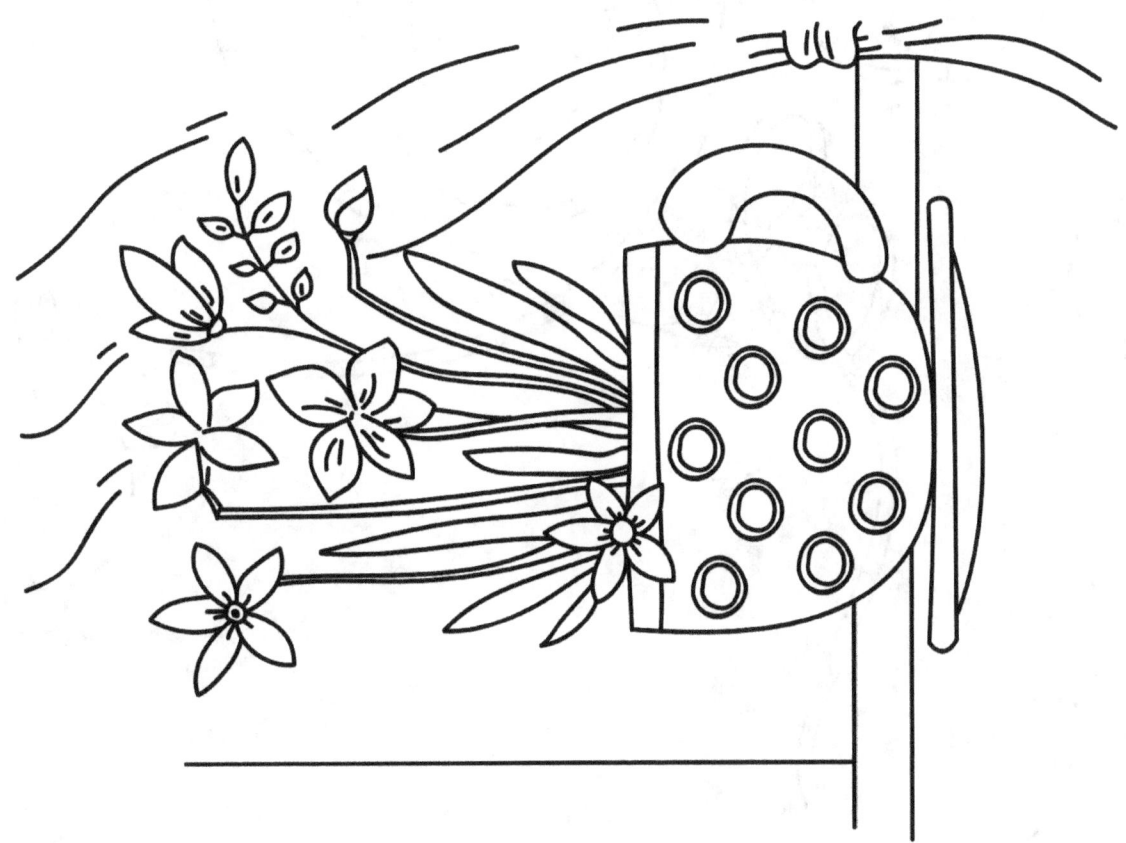

1 - flower on the cup , 2 - flower on the upper left , 3 - leaves on the right side , 4- flower on the right side , 5 - pattern on the cup

23

MATCH BOXES WITH PRESENTS!

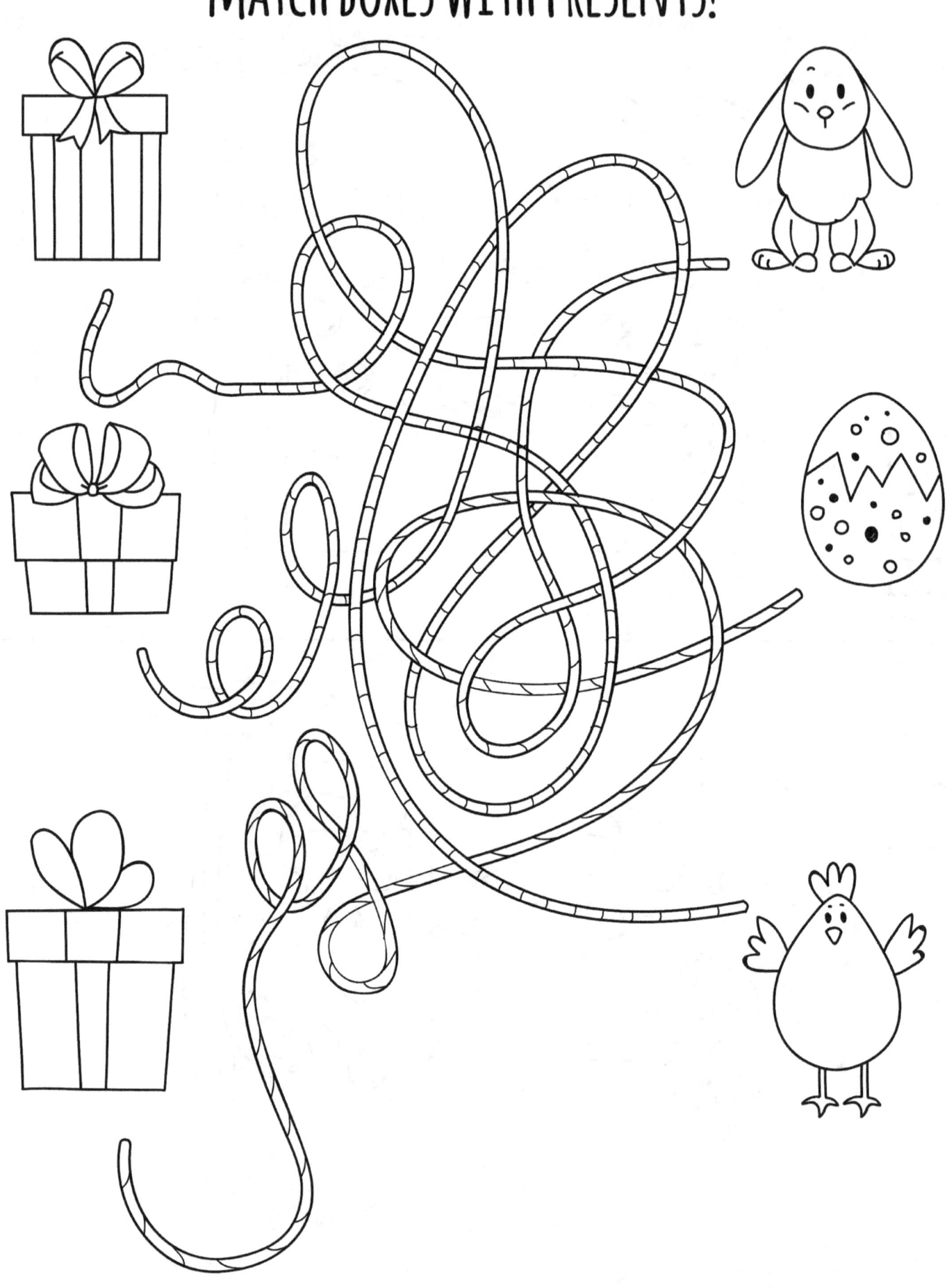

FOLLOW THE NUMBERS IN ORDER TO CREATE THE PICTURE!

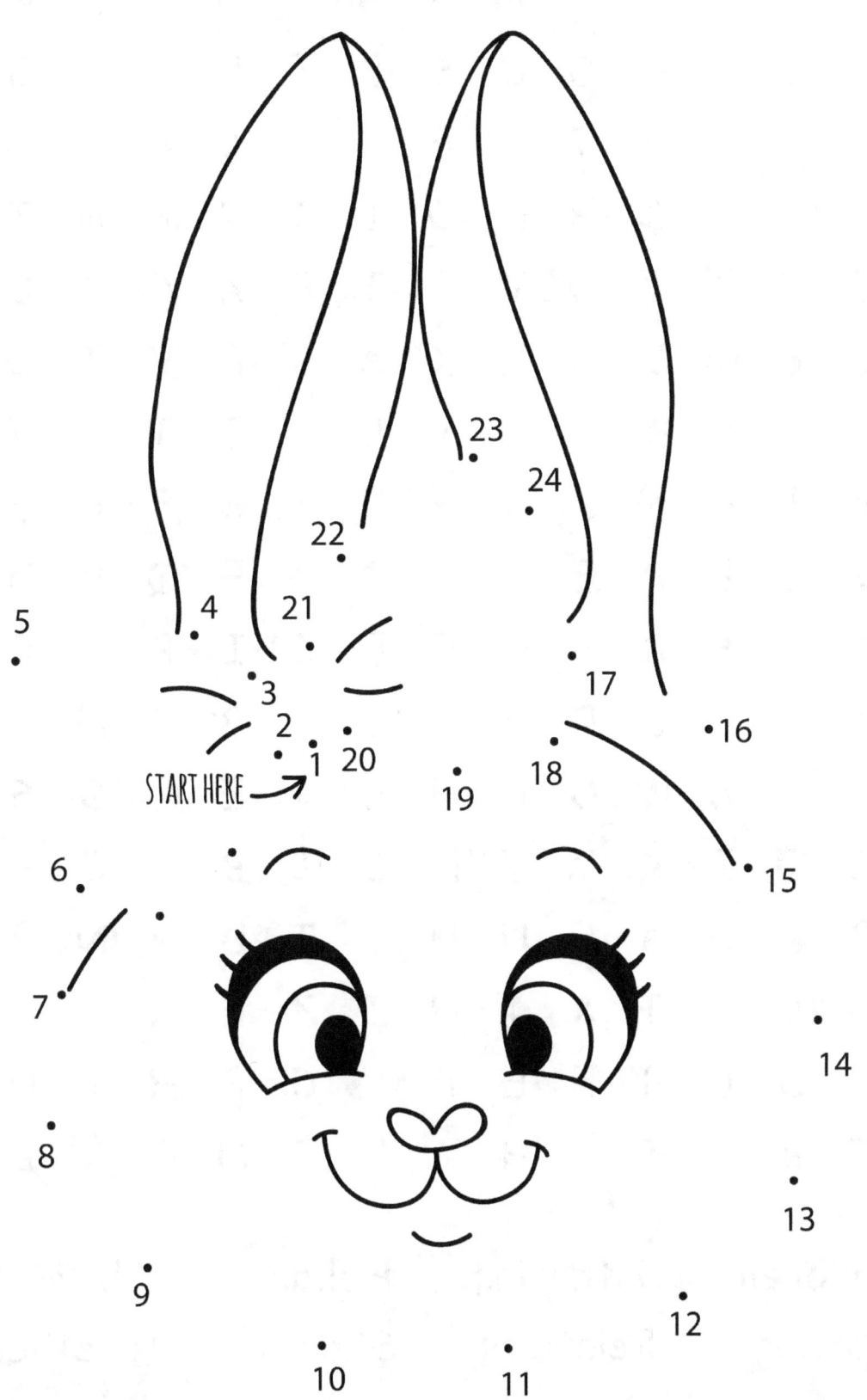

PARTY AT THE HOUSE!

```
D P Z N Y C P F S S R D M J G W J
G W G G T R D C S E E L K P B U P
I C P T G F T H E V H C A L S S K
T Q F L H J H N O I T C P G Z I Y
U D G S A V O V F T E A C A L B U
U C U E Q Y A R K A G R V T O U G
U Z H S R W I C Y L O Z T H V R G
T J P I U N J G E T W F E E Q Z
L Y V S L A E U G R D E Q R D C S
M L A U E D A H F E C I P I P N Y
B M A P H D R P O J G B C N P S H
A J H H W W O E H L V E P G S A Q
Y Z L Q I K M V N S I B P J B L Q
N K P L Z A F U M C T D A N P Z P
M T D B A J X J H Z Z E A N F Y U
I C H S L B F E P Y C P H Y D X U
V Z J B P T S H A R I N G K B A T
```

Children   Gathering   Holiday   Love

Playing   Relatives   Sharing   Together

SPOT 5 DIFFERENCES

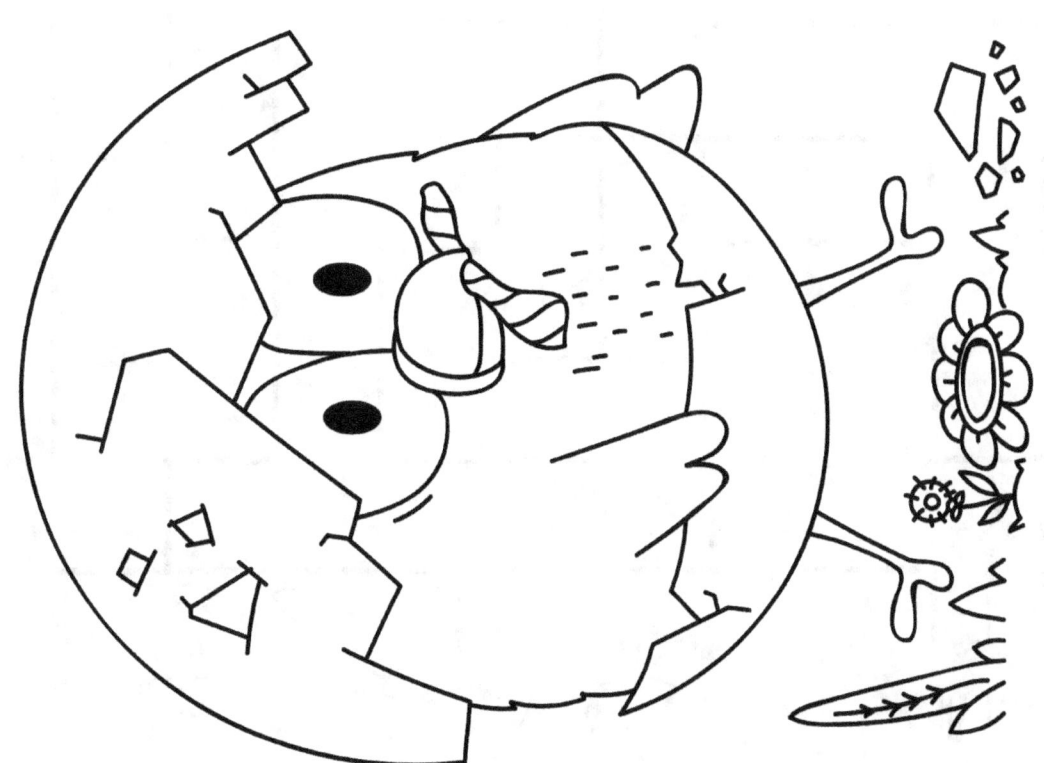

1 - worm , 2 - fingers , 3 - pieces og egg on the bottom , 4 - flower on the left side , 5 - whole on the egg on the bottom

HELP THE HUNGRY BUNNY FIND THE CARROT!

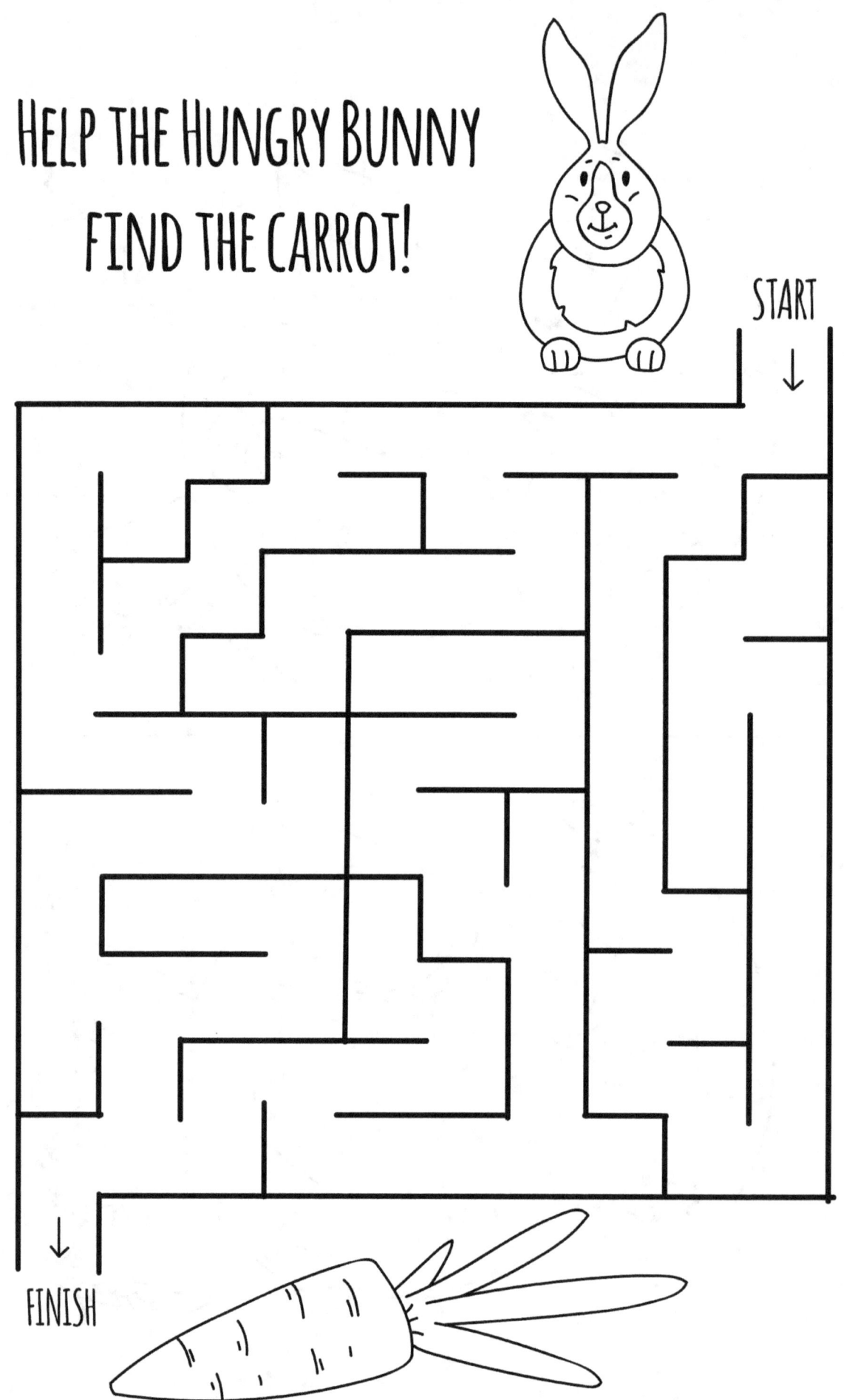

START

↓

FINISH

↓

FOLLOW THE NUMBERS IN ORDER TO CREATE THE PICTURE!

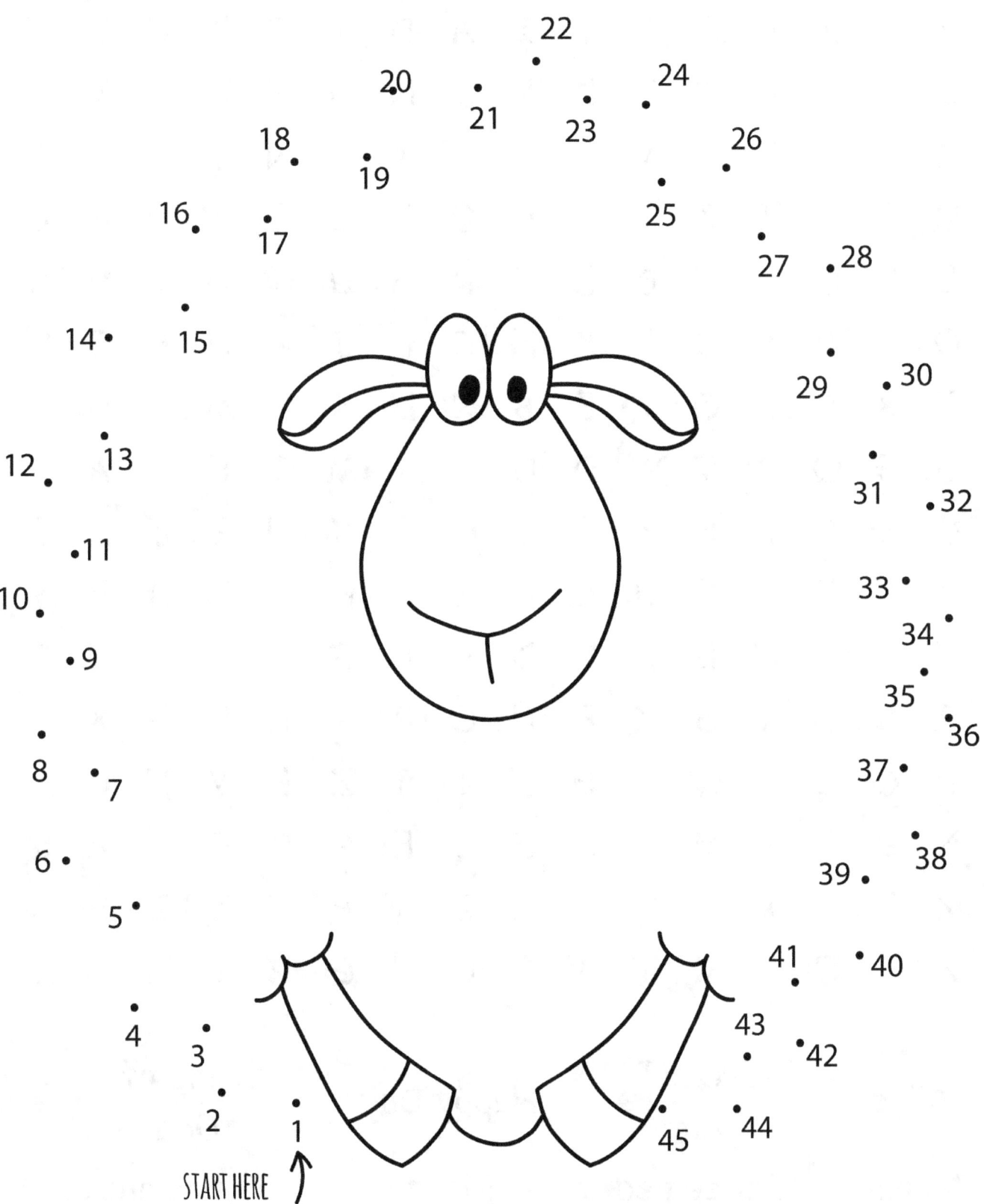

SING ALONG TO THE EASTER SONGS!

```
M R I U X N J S P B M N P P J J T
J P E X C W G V I A D H Z D C Z F
N L Y T U M Z D R G N H H N A Y E
X A M C T M Y U X R A I N M L I O
P M J E I Z I A G Q T I E W I G C
V B Q Q R H D L T R S U W D V H R
H O L P S C P K N C E J G D E I H
X F X C J O Y E B X H A E M S U A
W G G Q D T W D U J T M T E L A P
G O S G P F Z E T O E X N I J A P
L D K E N E U L A E G H R N A F Y
H X S M H L K Y D K B B E C B M D
Z Z B P T S X E U O B R K M R X A
V K O I F W R F L T J Z E Y N U Y
X X B B R M T O S L E G D G X A Q
V X D N K J M M K Z W P T I I F W
Q Z T Q T V T W G U X G R I H O M
```

Alive	Great I Am	Happy Day	Lamb of God
Mercy	Redeemed	Risen	The Stand

SPOT 5 DIFERENCES

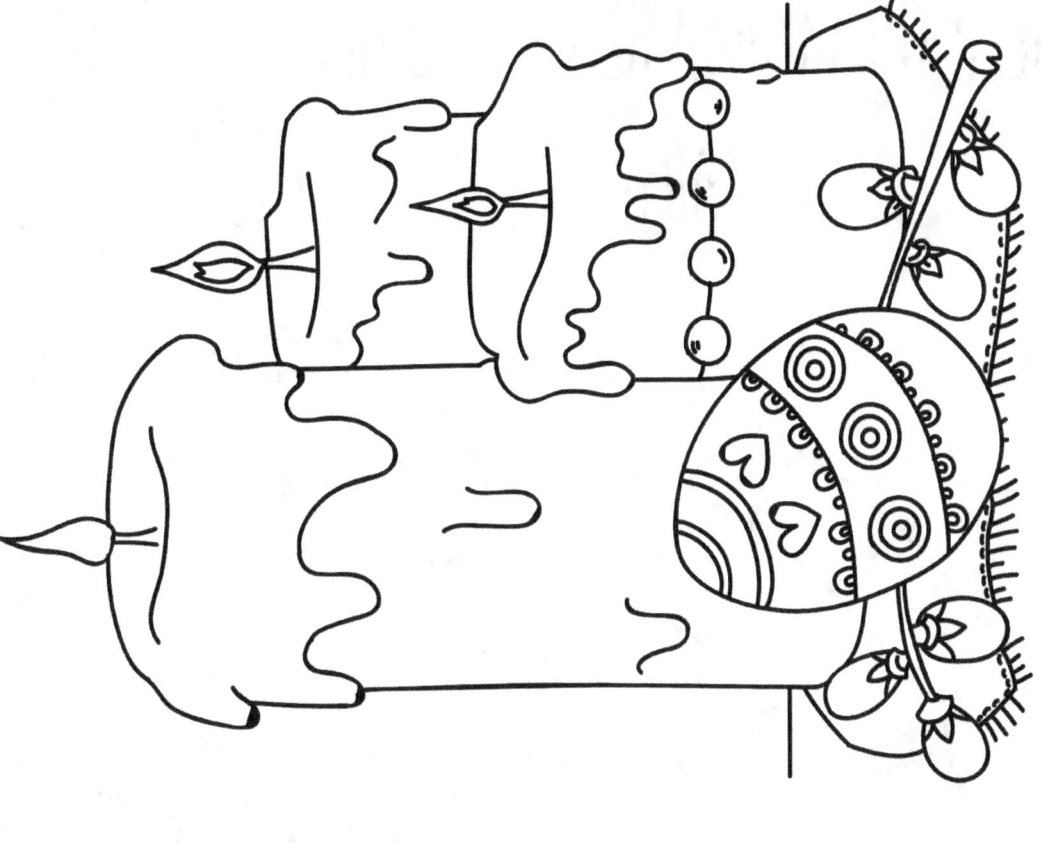

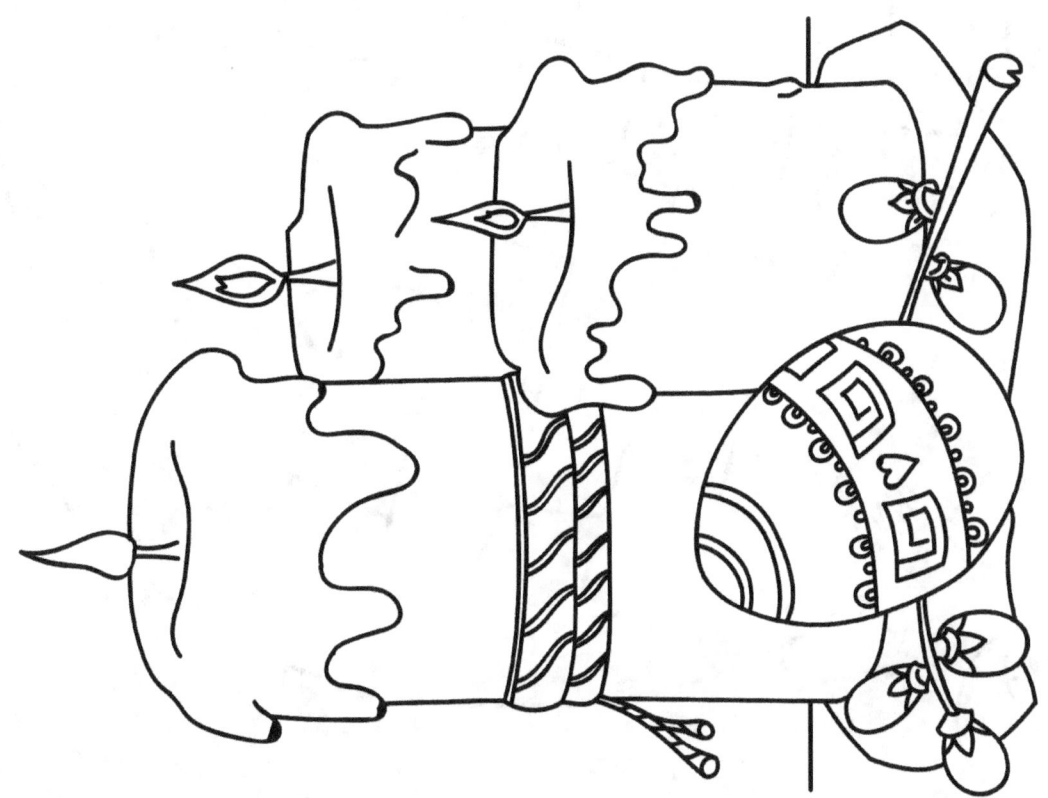

1 - flower on the branch on the right bottom , 2 - pattern on the egg , 3 - ribbon on the left candle , 4 - decoration on the fabric(bottom) , 5 - decoration on the right candle

31

HELP THE MAMA HEN FIND HER BABY!

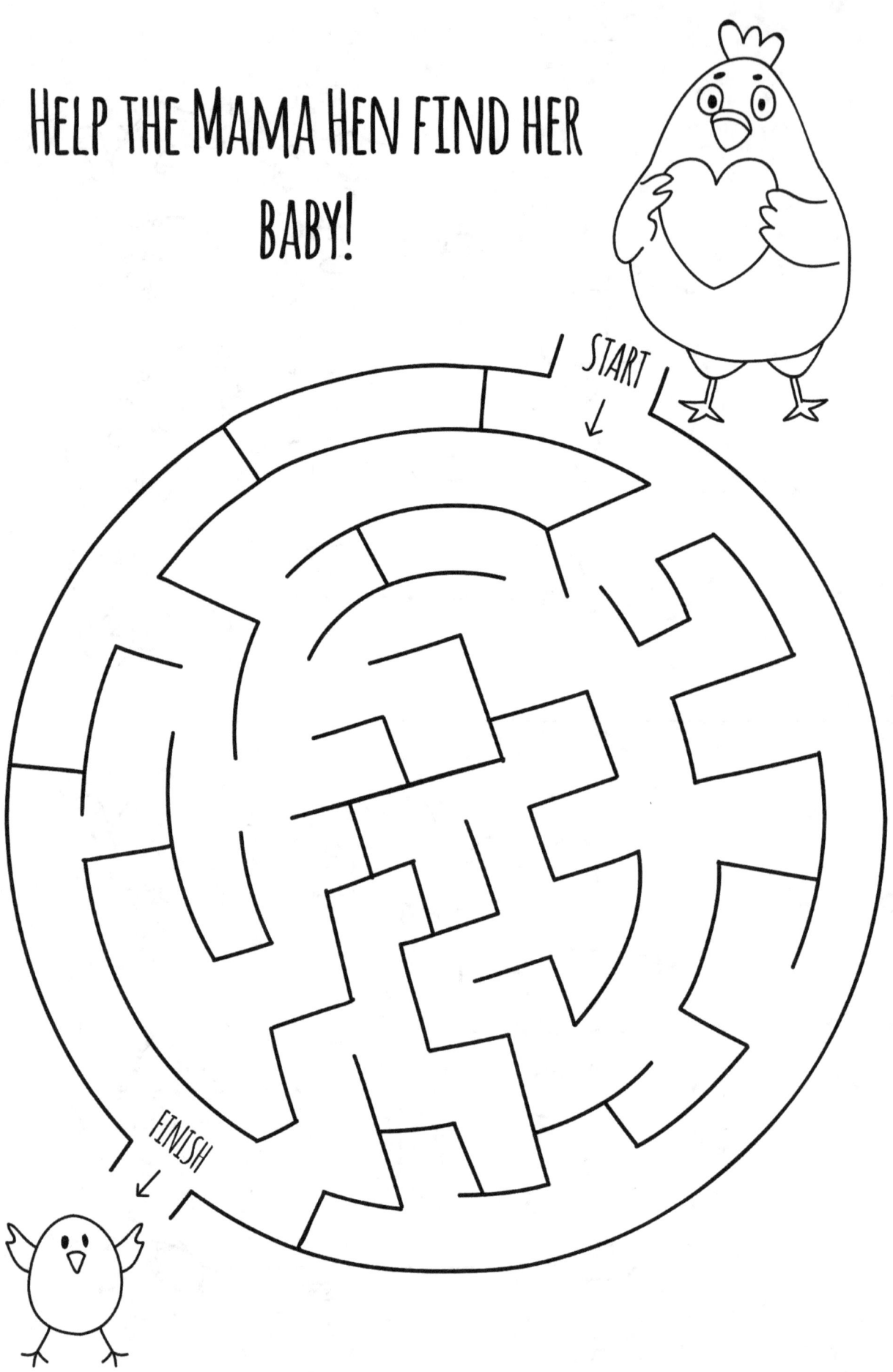

START

FINISH

FOLLOW THE NUMBERS IN ORDER TO CREATE THE PICTURE!

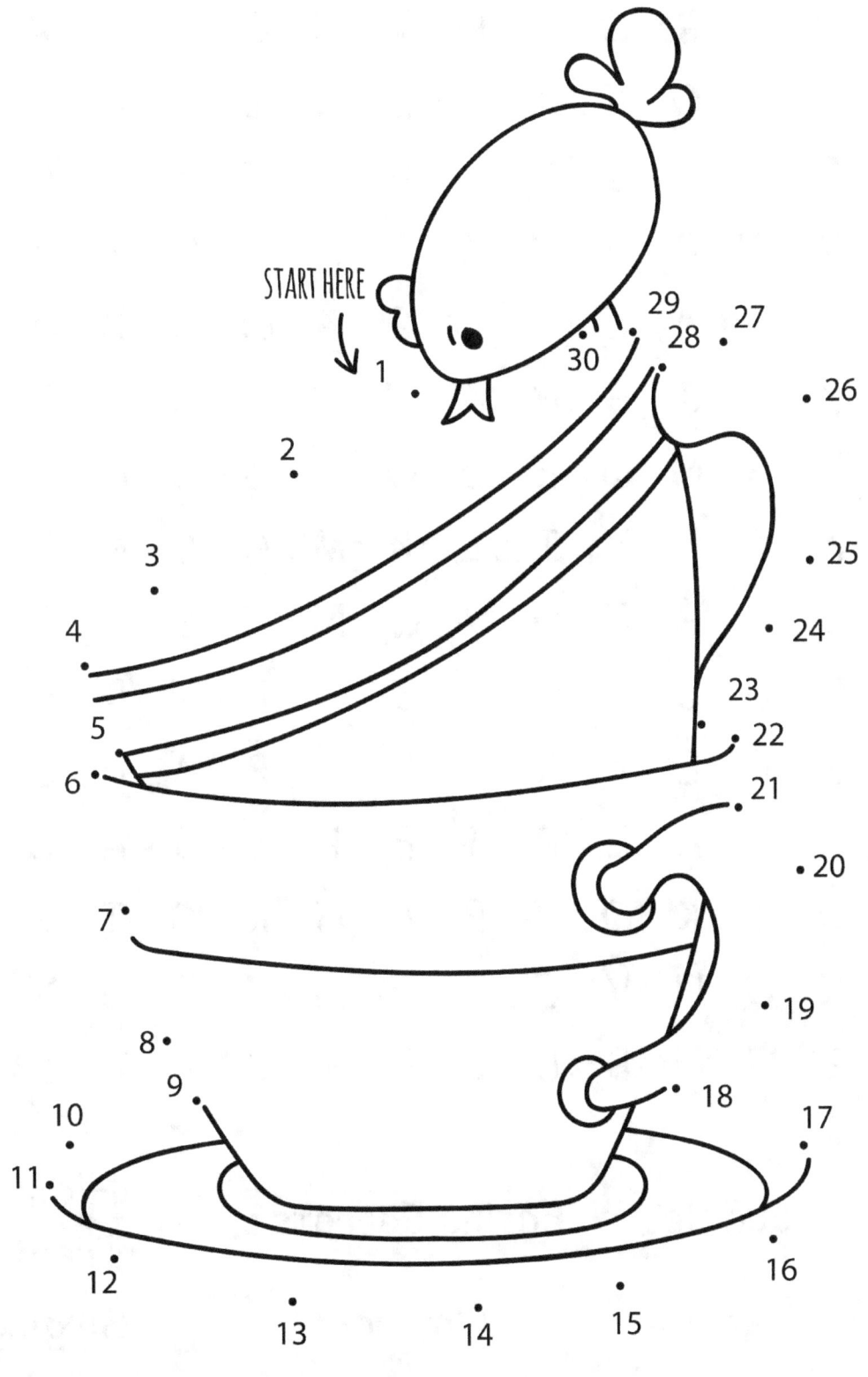

START HERE

THE EASTER BUNNY LOVES...

```
B J X B C R K H Z N V Z N S C W H
V D J J E H O T Y M W O T L S A K
U U R M V R O C H V Q O X A K B N
S D F Q E O L J I D R S O U B I K
T G A B B D O P I R C J X H O O T
M N Z V W P V U A J A C H I Z X G
G I G A R A E C L G A Q U D J A X
I G I K D J G H A N O C C I R Y E
H N Z V G N Q E D O I D C N S K V
K I A W I F Y I Z K M G S G E B N
N S Y T O B E U Y Q N Z E T L D Y
R V A T U S U M K I Z L N R D W V
H E J L F E W K P L T P A E D Y X
E G N I Y A L P T F B I G A U M I
R Y Q U T K O V P F H K C T C P Q
U Q L K O H V E J E N C J S N R C
Q G L Z H H B L B B W B I Z B T A
```

Candies   Cuddles   Eating Carrots   Hiding
                                        Treats

Hopping   Love   Playing   Singing

34

SPOT 5 DIFFERENCES

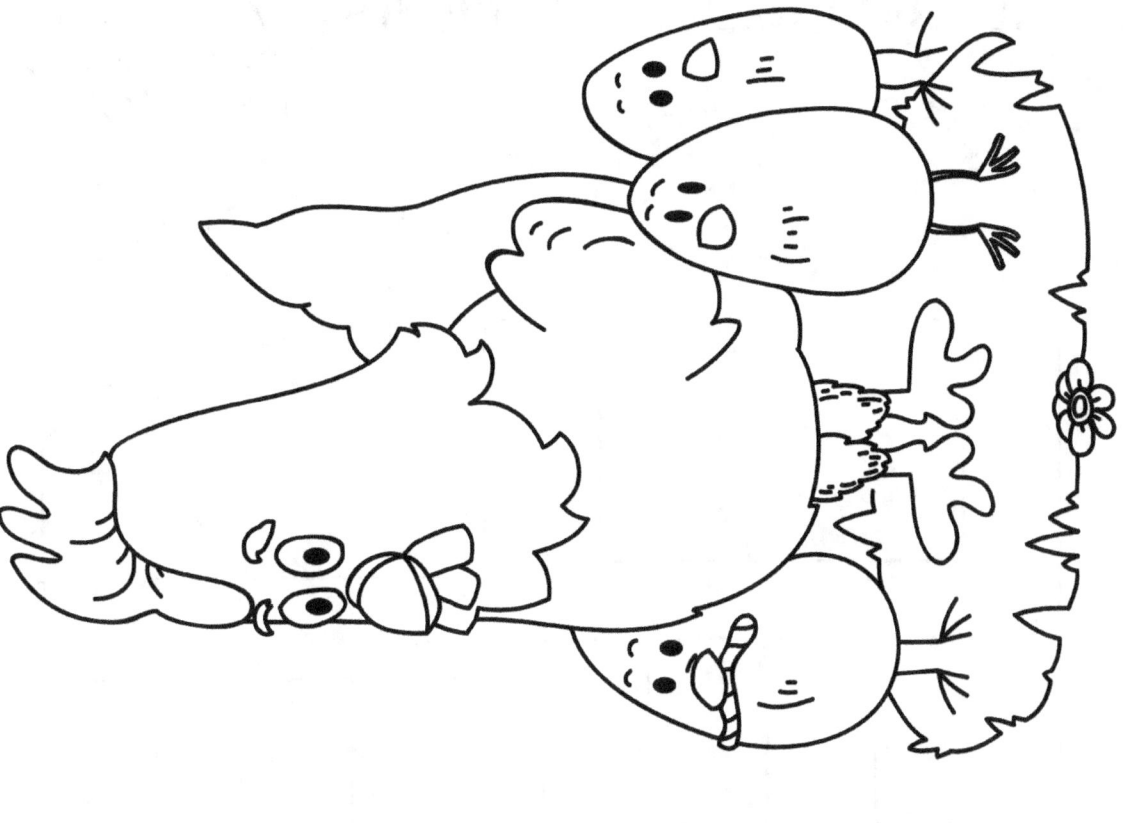

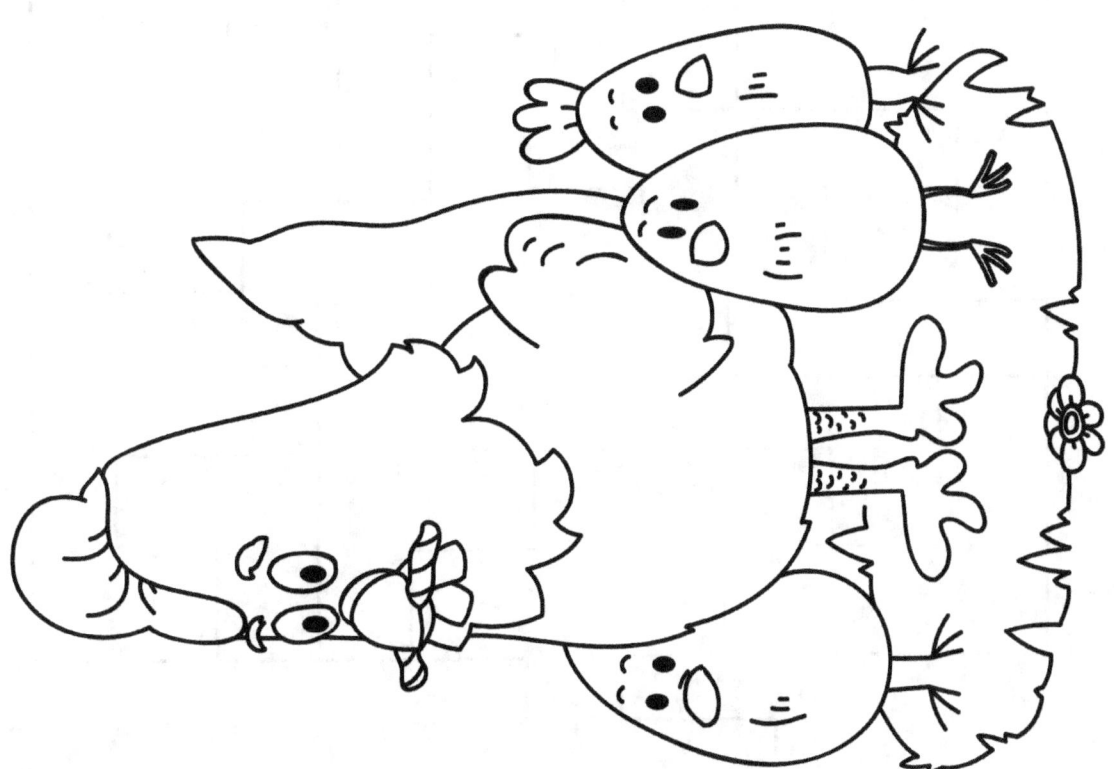

1 - worm on left chick's mouth , 2 - chicken leggs , 3 - right chick's feathers , 4 - worm in the mother chicken's mouth , 5 - mother chicken's fur (head)

HELP the BABY CHICK find the way

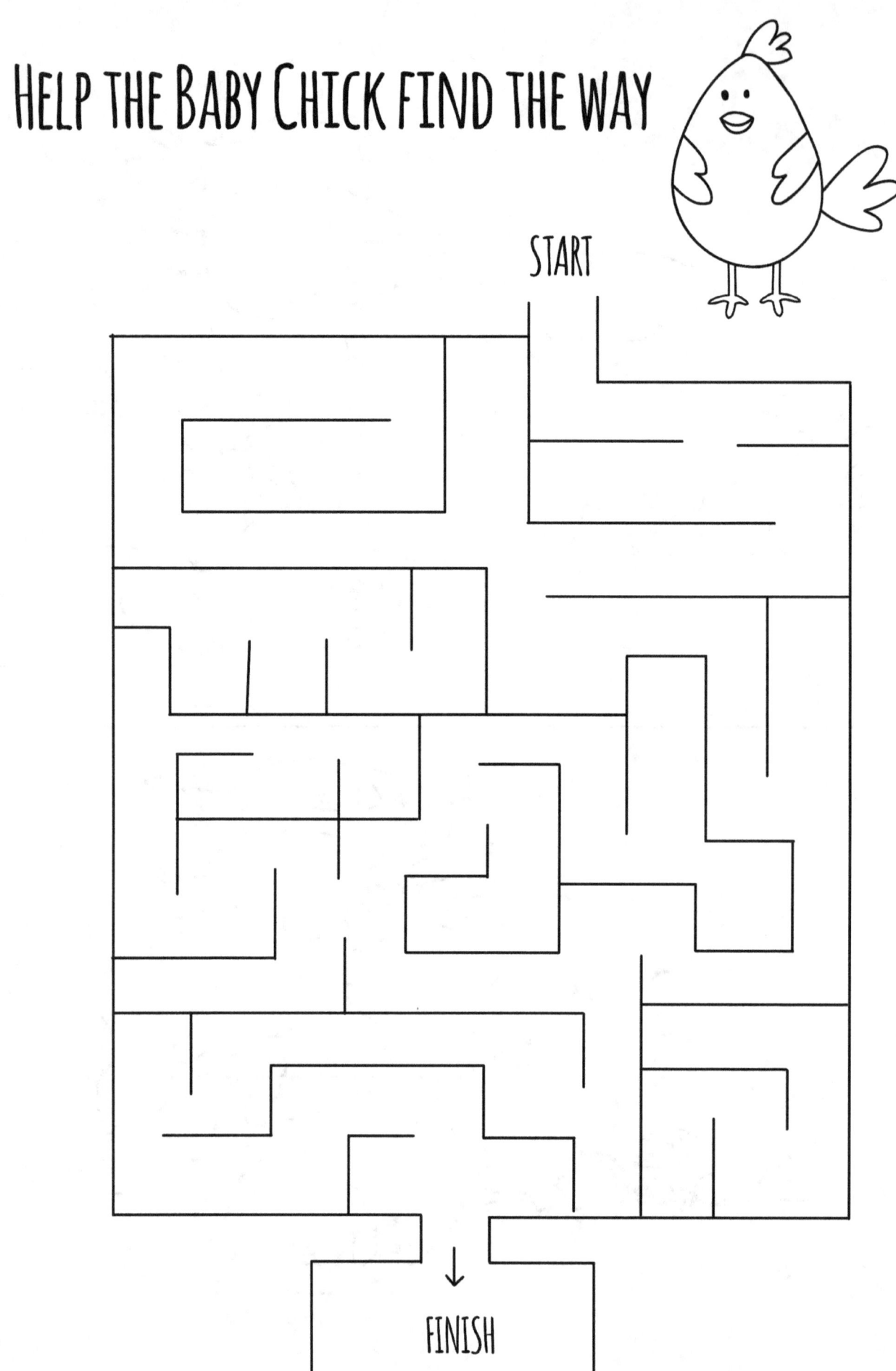

START

FINISH

Follow the numbers in order to create the picture!

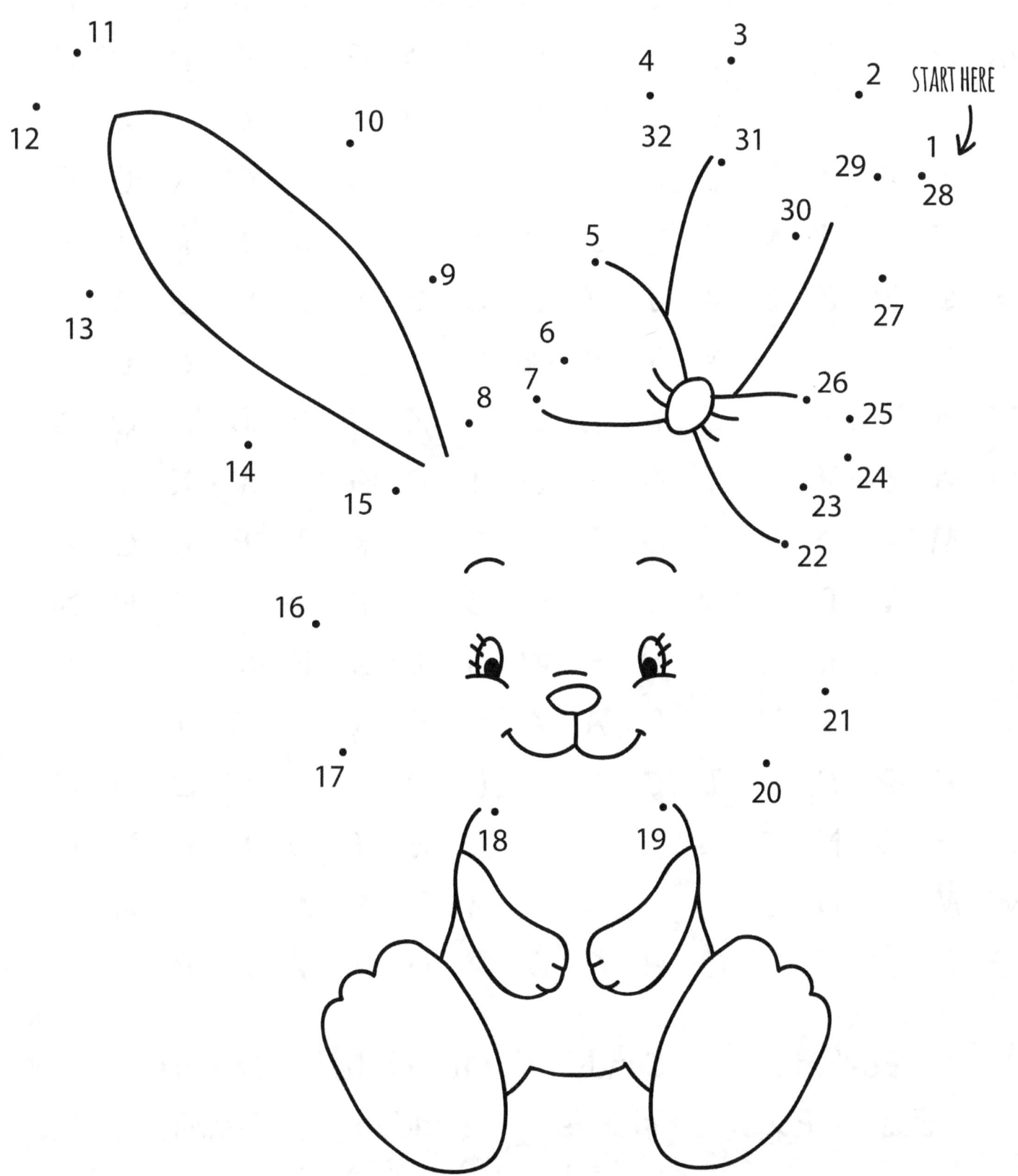

START HERE

TIME FOR THE EASTER EGG HUNT!

```
E N O F D Q S N N I F D C R C S H
M H I Q N L E X U C D G G O R Q O
T R U O I D S W N Z U I H O S Z V
C I D Z D L J L P B P A P Q X E E
S T V I M Z C L D A L V J B F T M
Y G H J Z K J M D S S K L W D A O
G E G T H T V K K K L F D C L Z
N A W E S J K Z S E Z C P B L O D
Q A C V R M G S D T C G I M X C Y
A M A D M E D F A S W K T E L O R
I A V B T N T P U B L F T U B H N
E Y X K E A N S W B I G F Q A C C
K Q B I Y X B A A V E R O S J Y M
F K R S B I C C Z E O X A F O D H
H F G N I N N U R L E T O P C N H
W M L U Q I D O O A I S W C H A E
S F W V A Q H C G R U Y Y A P C L
```

Baskets   Candy   Chocolate   Colorful

Easter Eggs   Friends   Hidden   Running

SPOT 5 DIFFERENCES

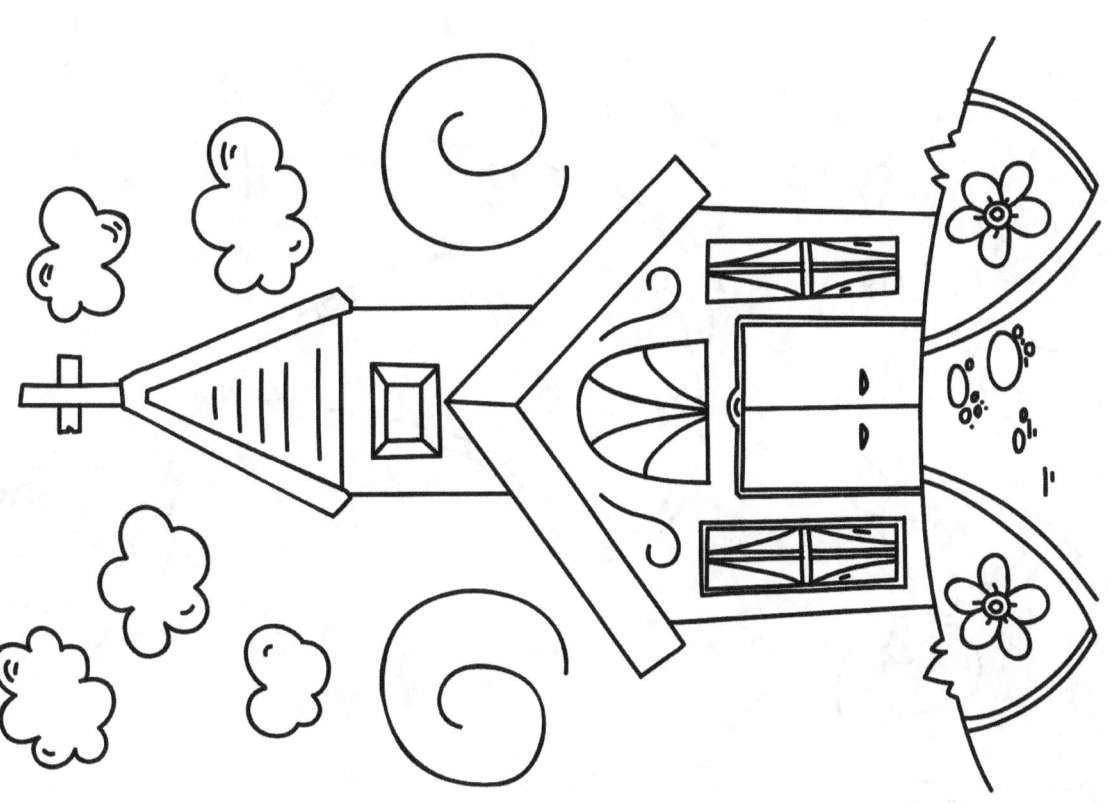

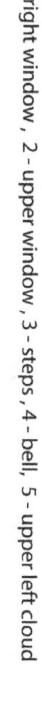

MATCH THE BABY CHICKS TO THEIR MOM!

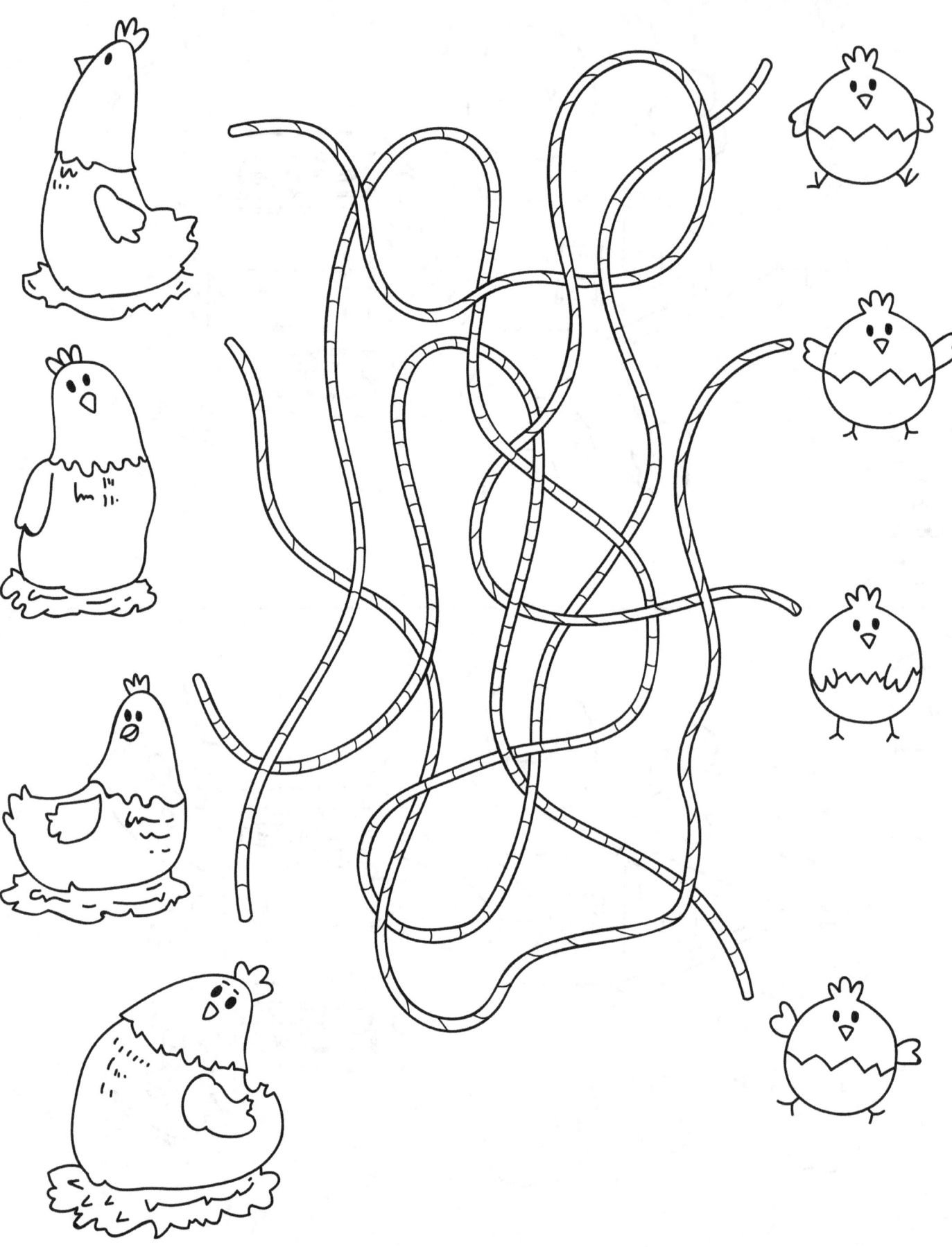

FOLLOW THE NUMBERS IN ORDER TO CREATE THE PICTURE!

START HERE

↓ 1   2   5   6

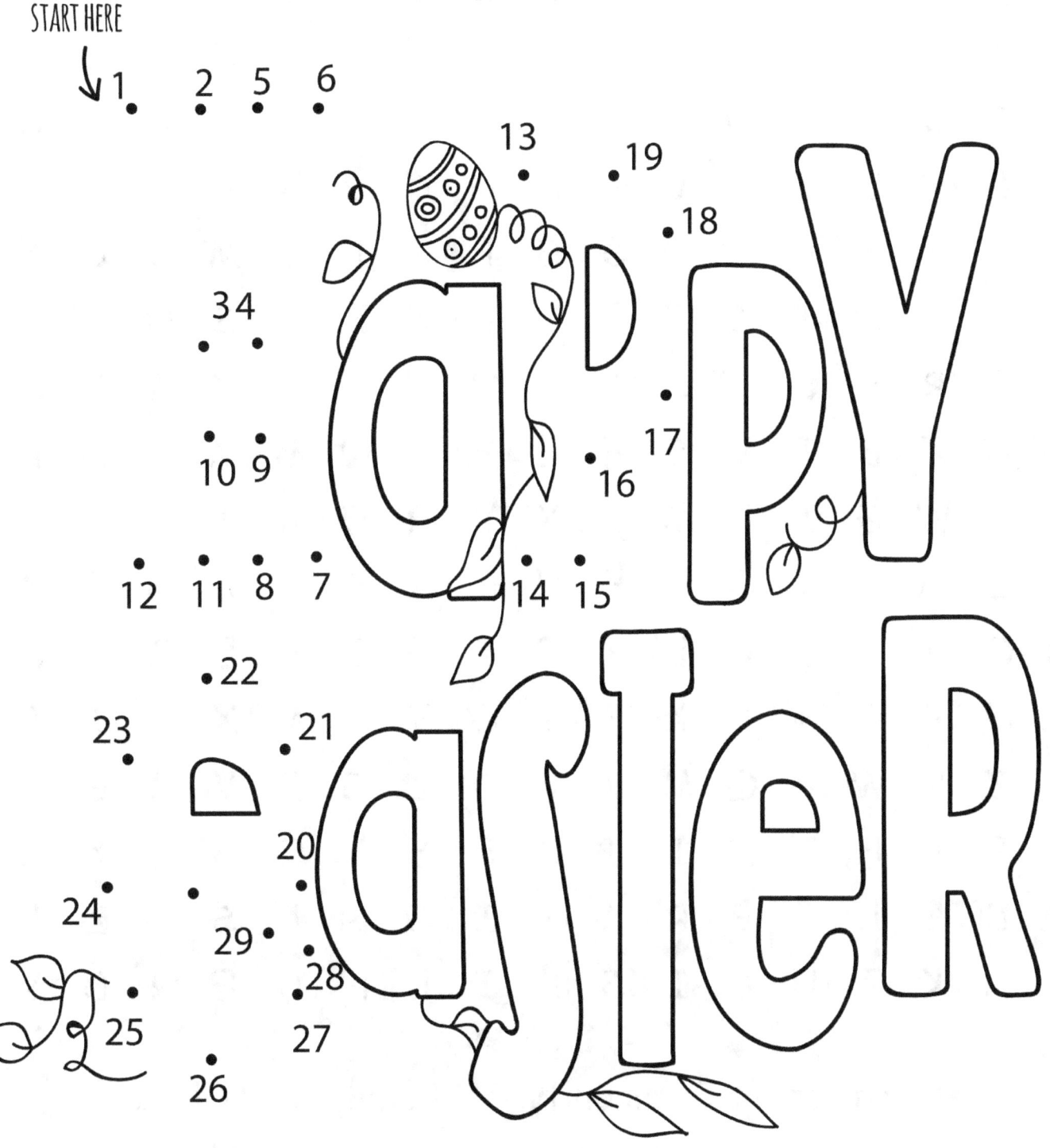

WHAT MAKES EASTER SPECIAL

```
S W L B A Q C M X O Y K G G H E S
G J A A T V M X K L B I T X K H I
J Z U E C U U W M I V F A X U S B
M S G X V Q R I C I Z J A X L Q D
R L H U O S V Q N H C G N L T C L
K O T S L H Q G G P A L I M C C X
N V E N T I Z F U F F N C S O I E
S E R C S W A C R Q H H P M A K N
W D Z E I M S E E E Q M M M A M F
G K W G I F M G X Y R U W T E Z I
G D M L V O Y E H J N R E L H T A
N Q Y Y D R L N O I G I L E R Z W
I M P O W L K P T W V N M X Z I S
R Z R W B Q M Y P D Z S Z V A G C
A P K H D H I J K F S V Q S W K D
H C E L E B R A T I O N L S E Z K
S H K Z U E I S R I L N D E R D Y
```

Celebration   Community   Family   Giving

Laughter   Love   Religion   Sharing

SPOT 5 DIFFERENCES

1 - bird on the egg , 2 - detail of the pattern , 3 - bunny`s tail , 4 - bunny`s right ear , 5 - bunny`s bow

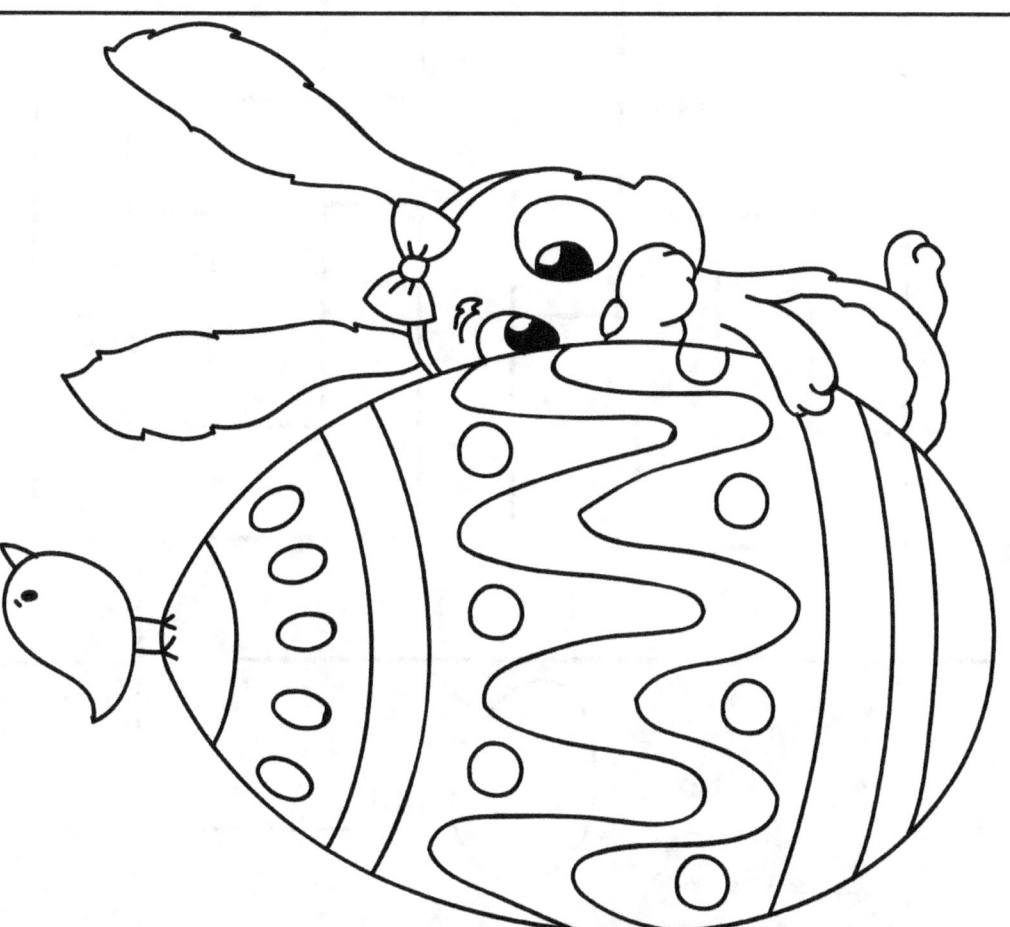

HELP THE BUNNY FIND THE EASTER EGG!

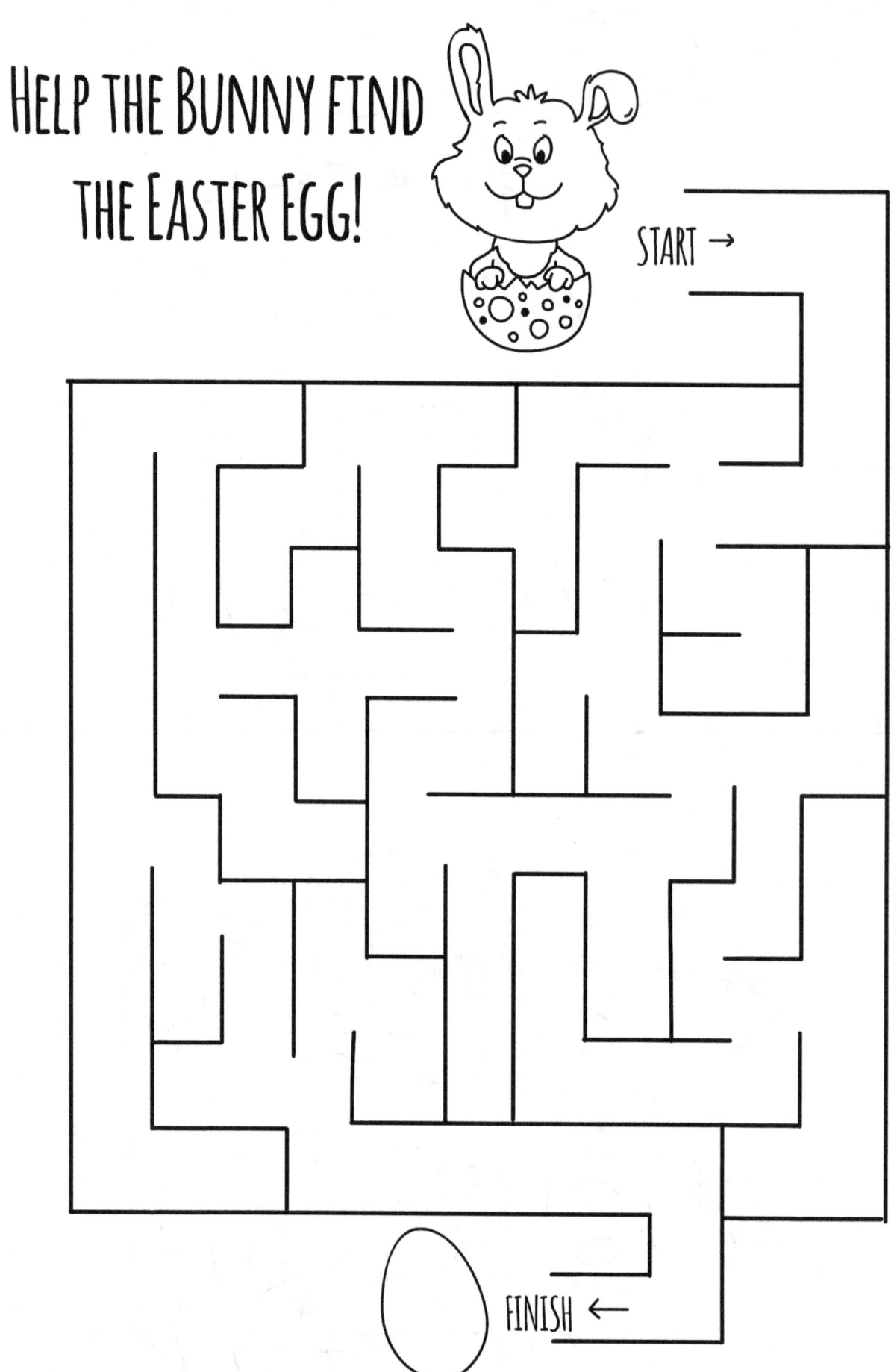

START →

FINISH ←

FOLLOW THE NUMBERS IN ORDER TO CREATE THE PICTURE!

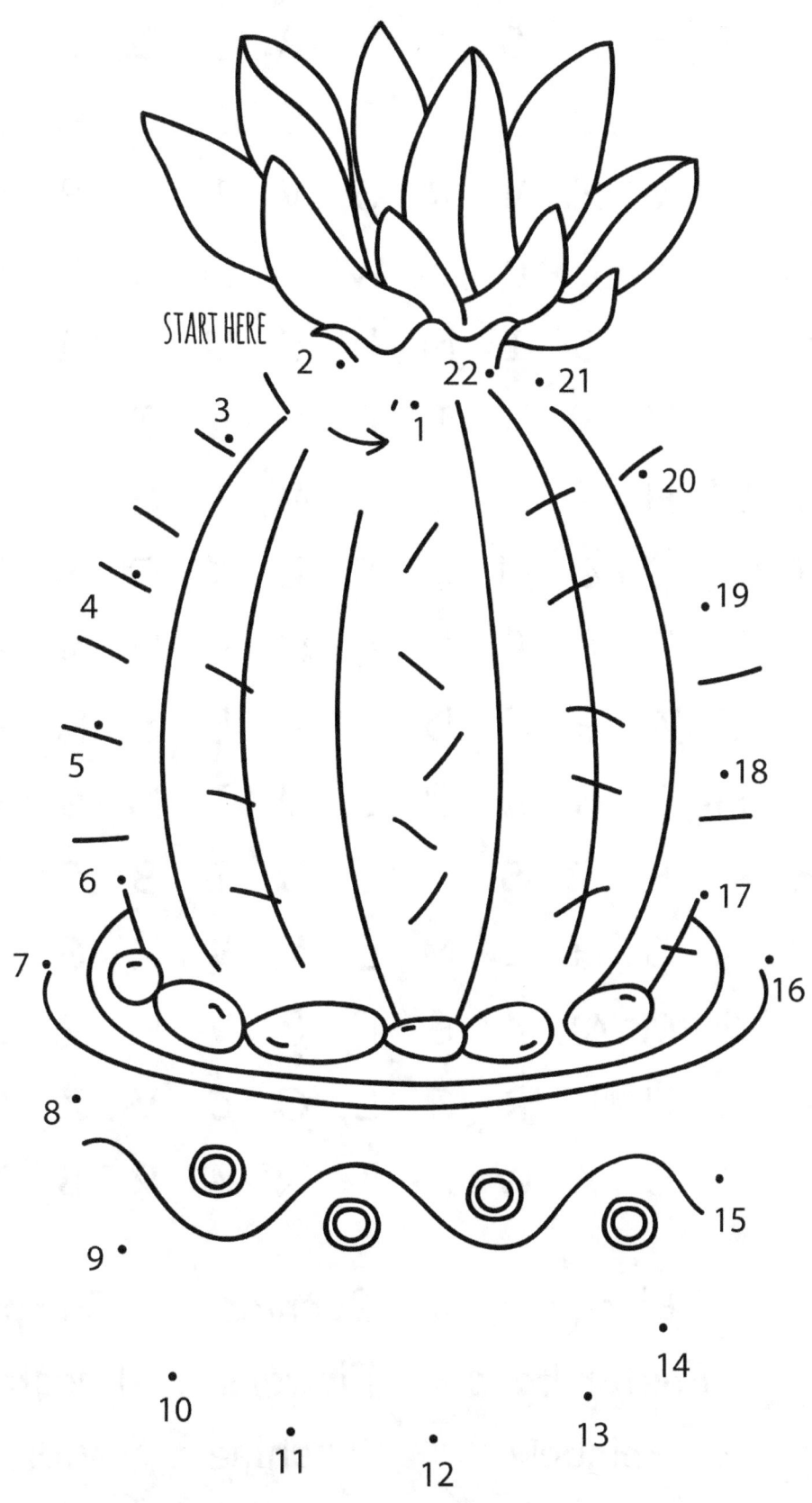

START HERE

2
3
1
22
21
20
19
18
17
16
4
5
6
7
8
9
10
11
12
13
14
15

A DAY IN THE GARDEN!

```
X T M E M V I Z B O Y T J Y J W E
U K Y T J E A S I T B J I G M O P
G Q M B N B U N N I E S N H C B A
Z U R P D M X V R S V I V P S N X
X S Z R M A E D J W P N L L V I V
J B R Y Q F S I N R C U E A W A G
Z Z C E I V N X I F O L J Y X R Q
B X Z T W H J H J X M I G I S A E
V W Z J A O C N J X L K O N D O Y
P O C T X T L P K C N B U G A B K
A J D U J W G F D F R E S H A I R
G C E Z H I B L O O M I N G Y L A
S G G E R E T S A E U I B G P T J
X O S U N S H I N E M V X G I Y U
F R Q S P M Q A G F E V H M K N E
O V E H L U F R O L O C V Z O X Z
S Y S O Z D K W Z T N A R B I V I
```

Birds	Blooming	Bunnies	Chirping
Colorful	Easter Eggs	Flowers	Fresh Air
Playing	Rainbow	Sunshine	Vibrant

SPOT 10 DIFFERENCES

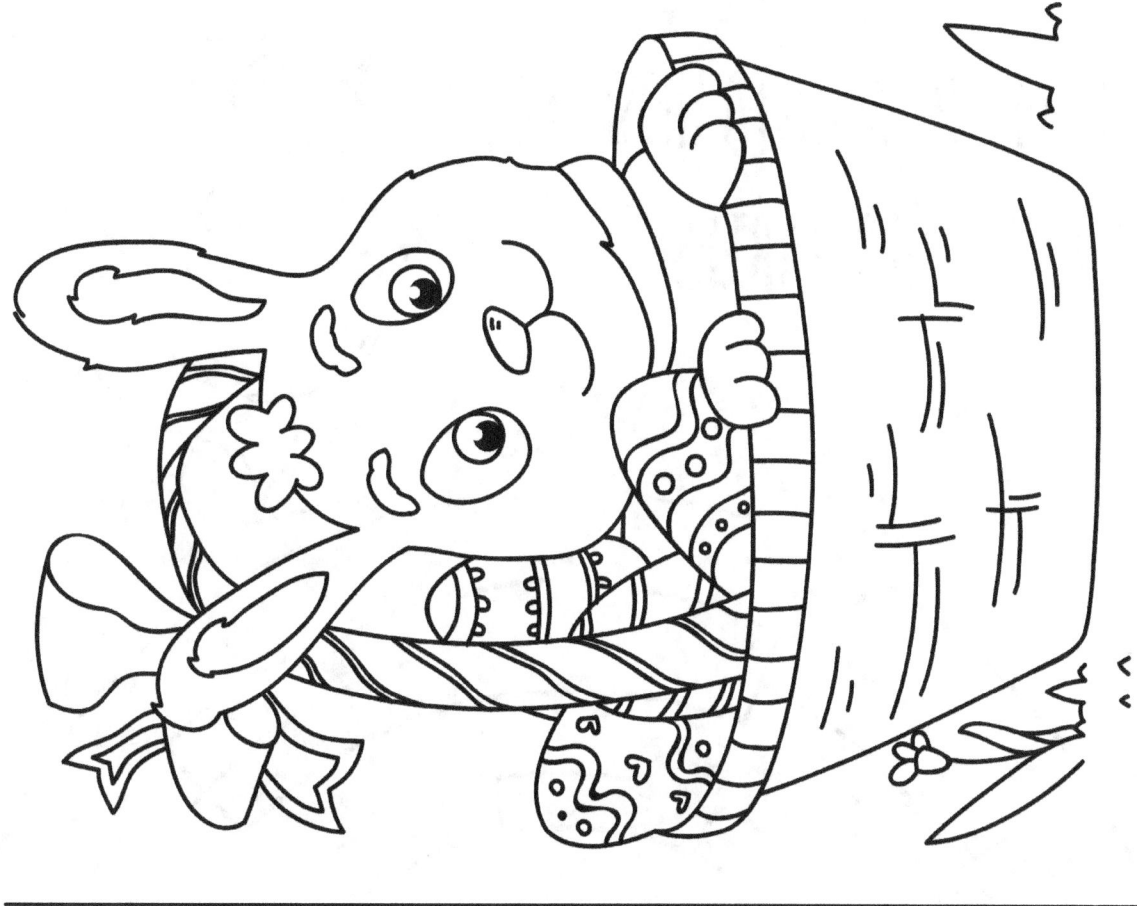

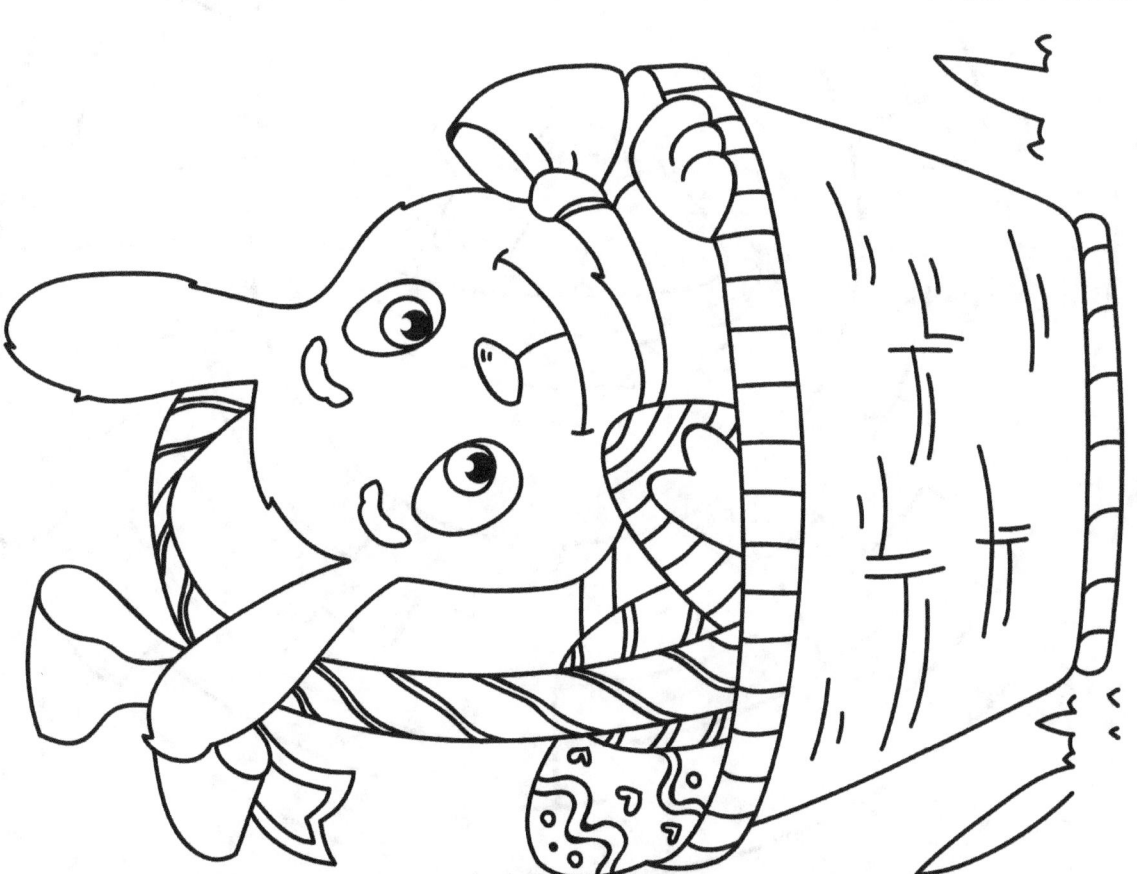

1 - bunny's left paw , 2 - bow necklace , 3 - ribbon(upper left) , 4 - flower on bottom left , 5 - bunny's smile , 6 - pattern on the right egg , 7 - bunny's ears , 8 - the egg behind the bunny , 9 - bottom part of the basket , 10 - bunny's bangs

HELP THE MAMA HEN FEED HER BABIES!

START

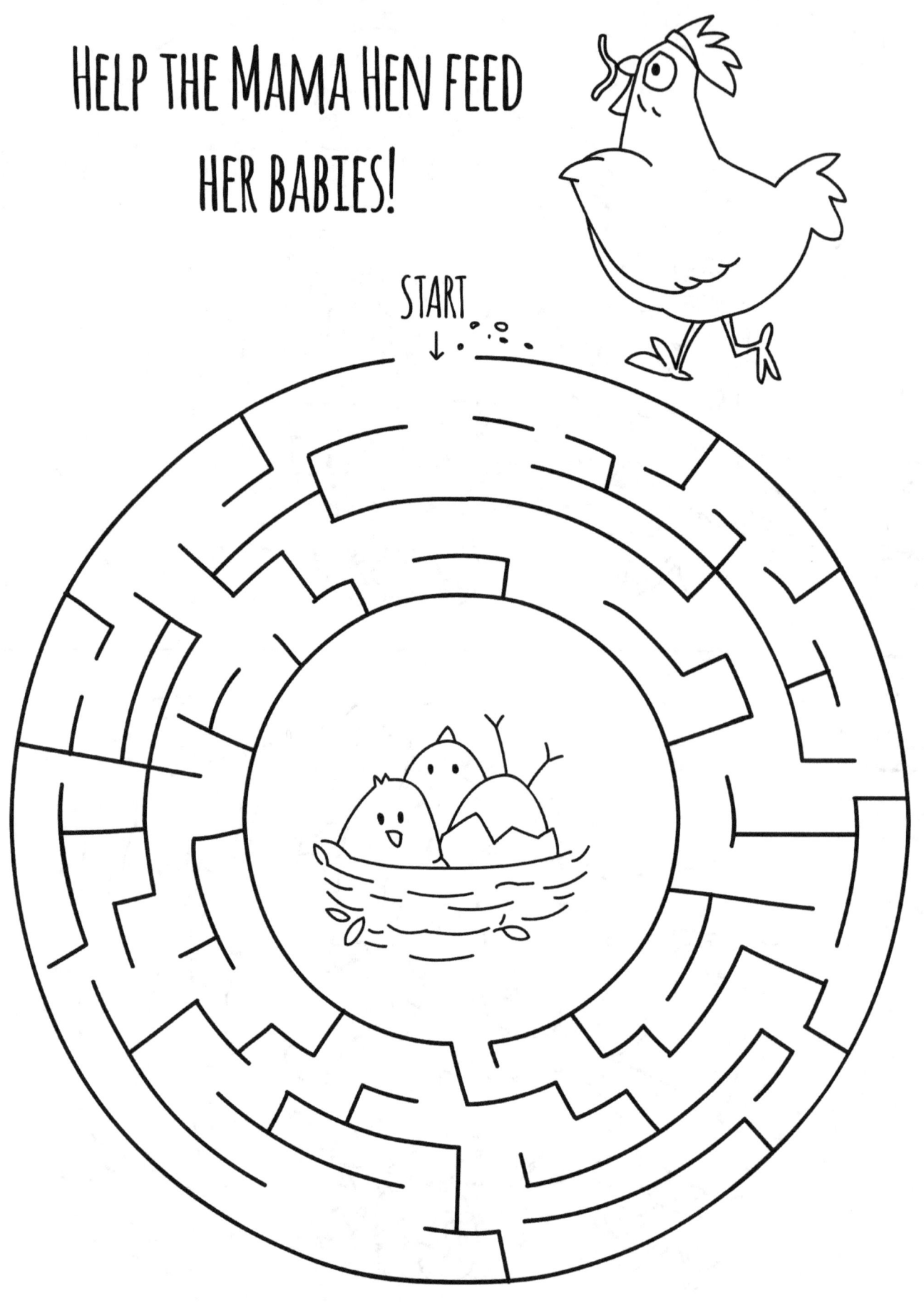

Follow the numbers in order to create the picture!

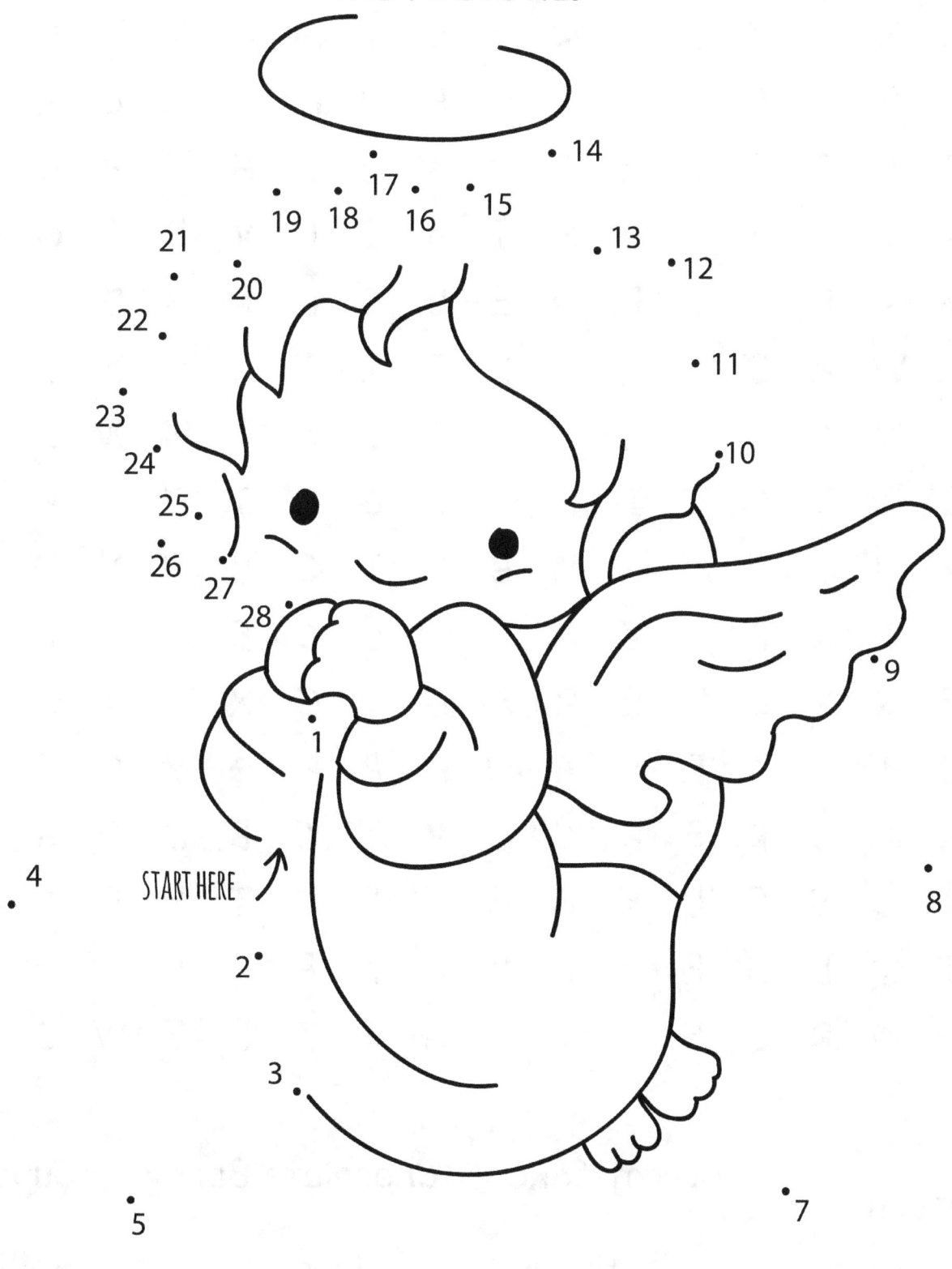

START HERE

ALL THE SWEET TREATS!

```
R  R  A  M  C  Z  X  N  W  A  Y  Y  D  B  N  T  N
O  A  X  C  V  I  F  R  P  C  V  N  C  K  X  L  D
A  E  R  B  W  I  L  O  D  P  H  N  A  R  C  R  H
S  B  F  R  G  I  A  C  M  A  E  U  G  T  P  L  X
E  Y  Y  E  V  P  I  P  J  A  C  B  V  P  B  O  O
I  M  K  K  D  V  B  O  E  L  I  E  P  B  D  L  X
K  M  W  A  O  T  Q  P  L  Z  R  T  L  C  F  L  U
O  U  N  C  Q  A  E  L  L  I  O  A  E  H  W  I  M
O  G  T  T  C  T  I  E  Y  K  C  L  J  Z  A  P  E
C  V  H  O  U  T  P  M  B  L  I  O  V  O  X  O  N
T  Q  D  R  P  R  Z  A  E  W  L  C  F  N  N  P  W
S  F  X  R  C  U  E  R  A  G  Q  O  X  W  J  S  W
E  O  W  A  A  F  F  A  N  H  B  H  D  Y  O  G  X
N  N  M  C  K  F  R  C  S  M  T  C  B  J  O  B  S
S  J  Q  S  E  L  K  P  E  E  P  S  T  S  F  S  R
F  T  Q  L  S  E  Y  E  V  E  K  P  P  S  P  U  X
M  O  W  R  O  S  S  T  R  A  T  T  E  E  W  S  R
```

Caramel Popcorn	Carrot Cake	Chocolate Bunny	Cupcakes
Gummy Bear	Jelly Beans	Licorice	Lollipops
Nest Cookies	Peeps	Sweet Tarts	Truffles

50

SPOT 10 DIFFERENCES

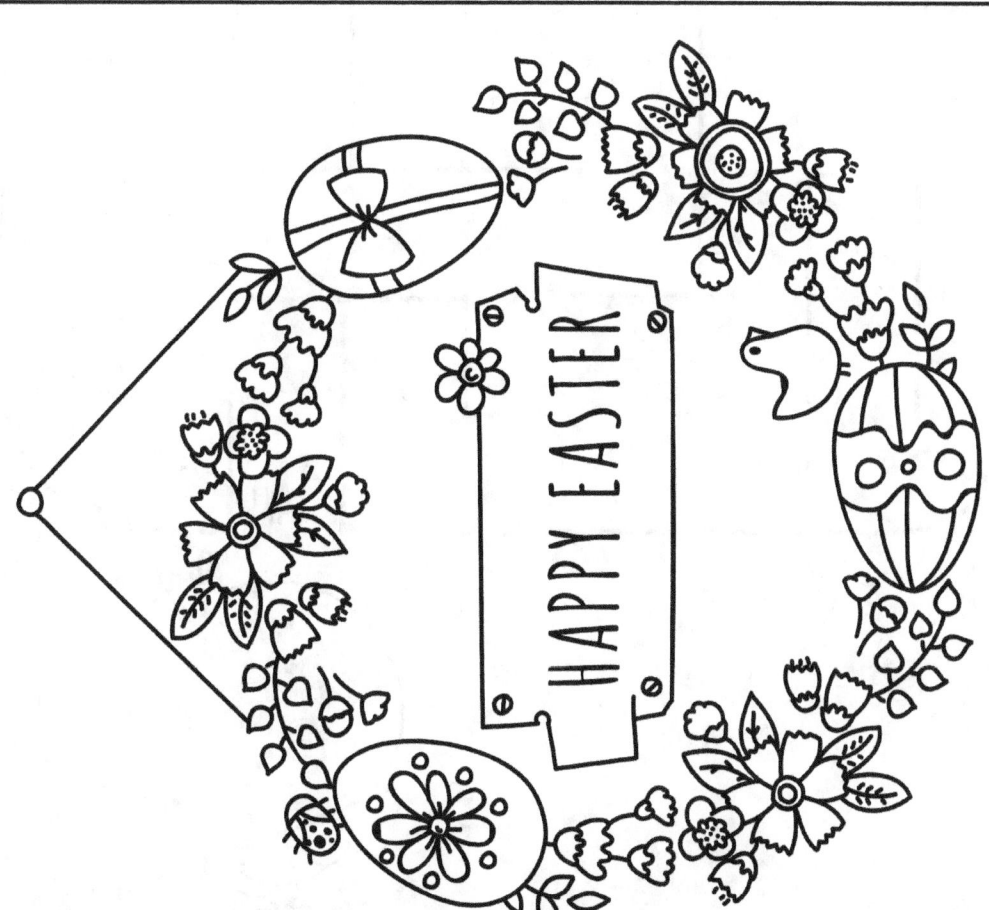

HAPPY EASTER

HAPPY EASTER

1 -hook , 2 - big left flower , 3 - small flower (right from middle egg) , 4 - small flower near big right flower , 5 - right egg decoration, 6 - butterfly(upper right), 7 - bird(bottom right) , 8 - bug (upper left), 9 - big flower on the right, 10 - flower on the banner

HELP the BABY CHICK FIND HIS HOME

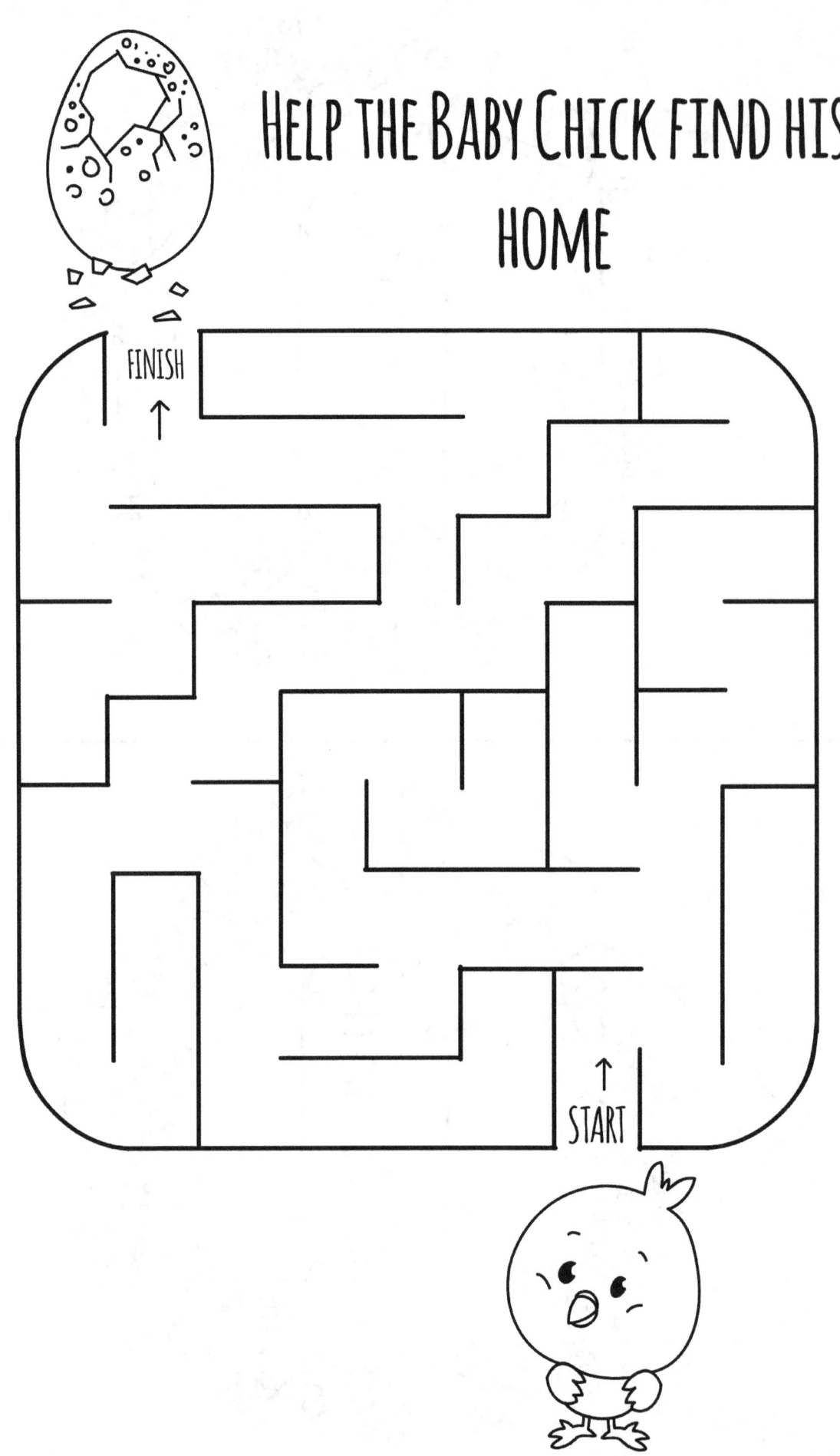

FOLLOW THE NUMBERS IN ORDER TO CREATE THE PICTURE!

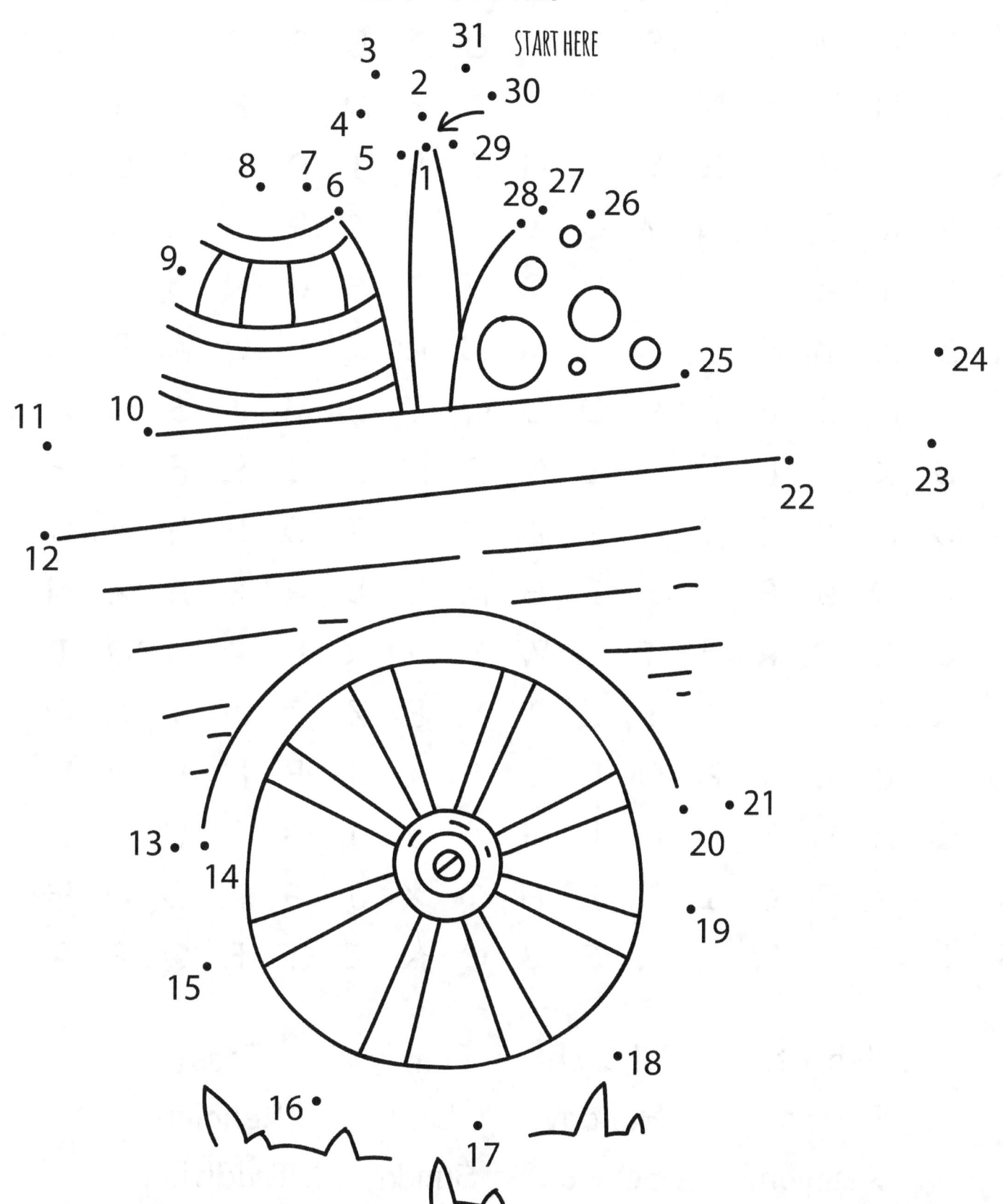

BRINGING THE FAMILY TOGETHER!

```
E E D P A L Q Z J E J L L B T O X
S M O B L P F P V D D E B Z B O V
D E H Y S N E J L W P N A B H G J
N Z C F J R Y C H I B T R B B D S
E Y Q F V N M O I Z H C R U H C Y
I V T A S P O D Q V R S U N D A Y
R Z A M C E T N M N R Q P U W B N
F R N I E F R O D Q Z E M J S N R
J S K L L P A I N Q H J S E F K E
B U H Y E C D G D C B J O L E A U
C U O G B L I I H M L L R P A Z N
F C L O R F T L W Y V R L K S O I
X K I F A C I E T V E Z J W T X O
Q E D Z T H O R I S K J P H L U N
Y Q A H I U N K G C V J S B U V B
Y V Y J O I T Z H Q X J G R Q O H
Y L J D N H N G B Q N Z T F Q P R
```

Celebration   Church   Family   Feast

Friends   Holiday   Lent   Religion

Reunion   Service   Sunday   Tradition

SPOT 10 DIFFERENCES

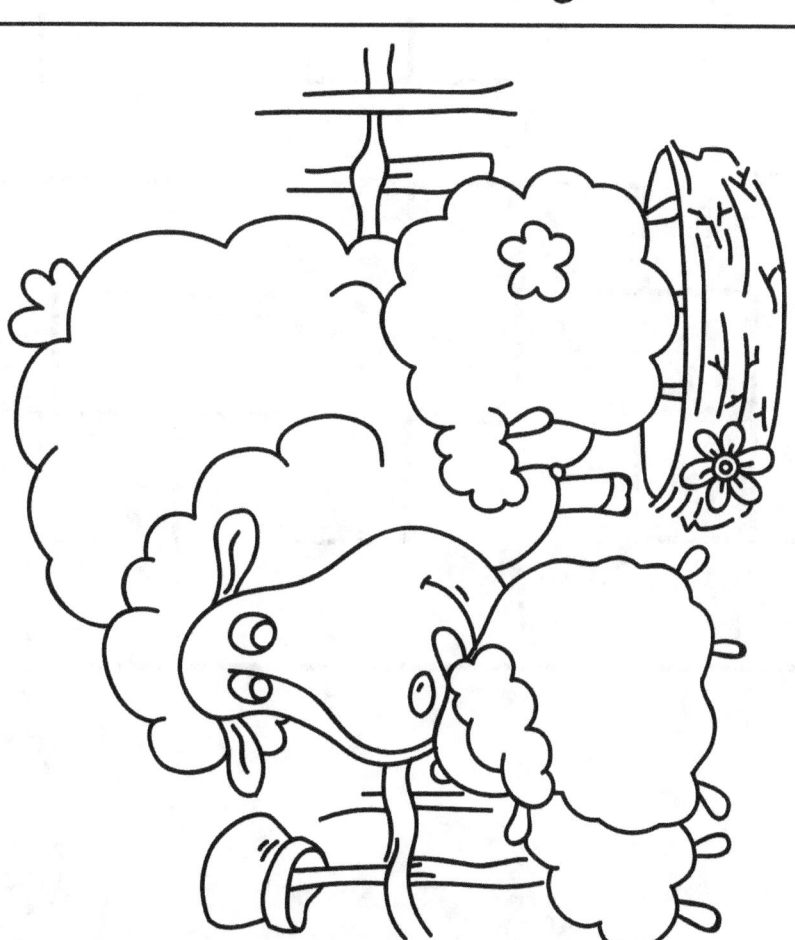

Help the Bunny get to the Easter Egg!

START

FINISH

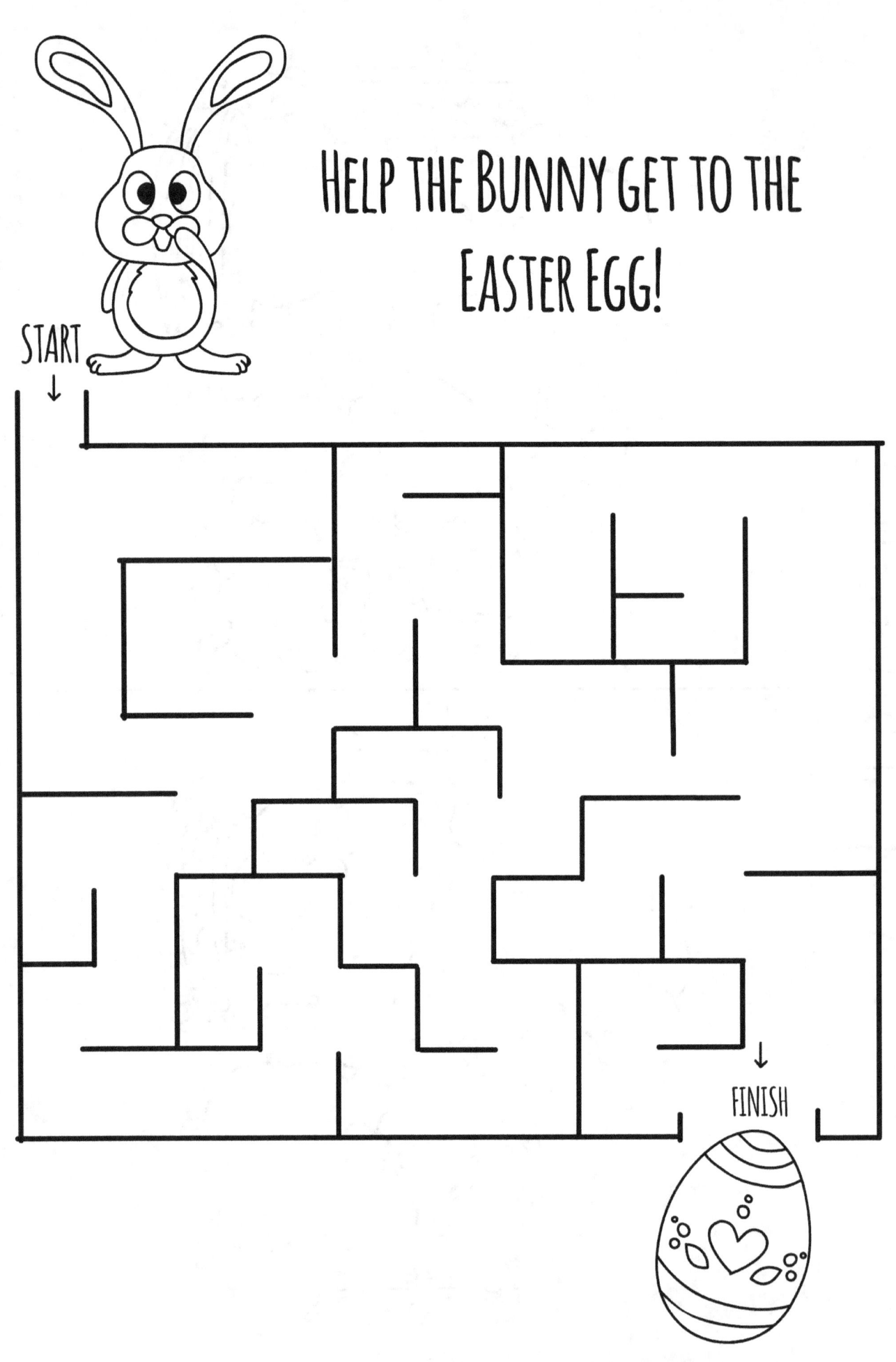

FOLLOW THE NUMBERS IN ORDER TO CREATE THE PICTURE!

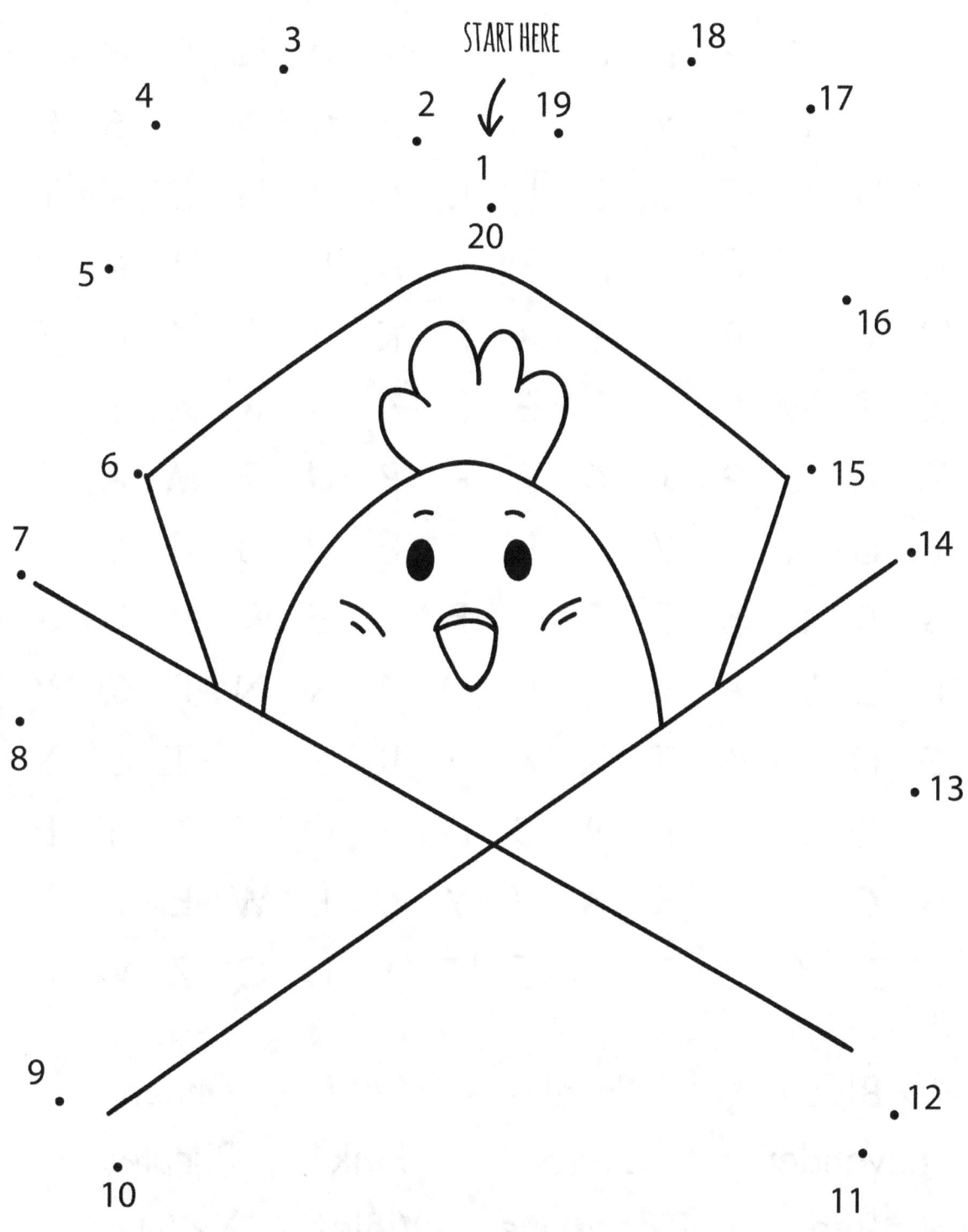

COLORS OF EASTER!

```
D H N G K J J J P Y Z M H A C W O
G H O H S V L O B U P J Q J W O L
S N K W P Z I O A U Z H G I V L B
X X E N I R E G N A T D H B H L C
H O S Z E P Y K N I P G D S S E J
L W E U G F S B E L C R H E T Y N
O G L Y R E D N E V A L X A R B P
R B N V S B J I X Z K L P Y U T N
K V K J W L Y I G F A A P A B Y H
B W I K Z R I C A R P U J M A R O
F L V O X F Y V L I E U D F B Y B
D C B G L F B Q I F X E R L U J L
Z M P L W E M F L O A N N P Q Y H
U V G O I W T X A V R G C T L Y D
P I C O R A L A C H S O X I T E M
L P G O C P K A V Y C L W E R L H
Y L L Z G L I L E C I D Q Z W A Z
```

Blue	Coral	Gold	Green
Lavender	Lilac	Pink	Purple
Red	Tangerine	Violet	Yellow

SPOT 10 DIFFERENCES

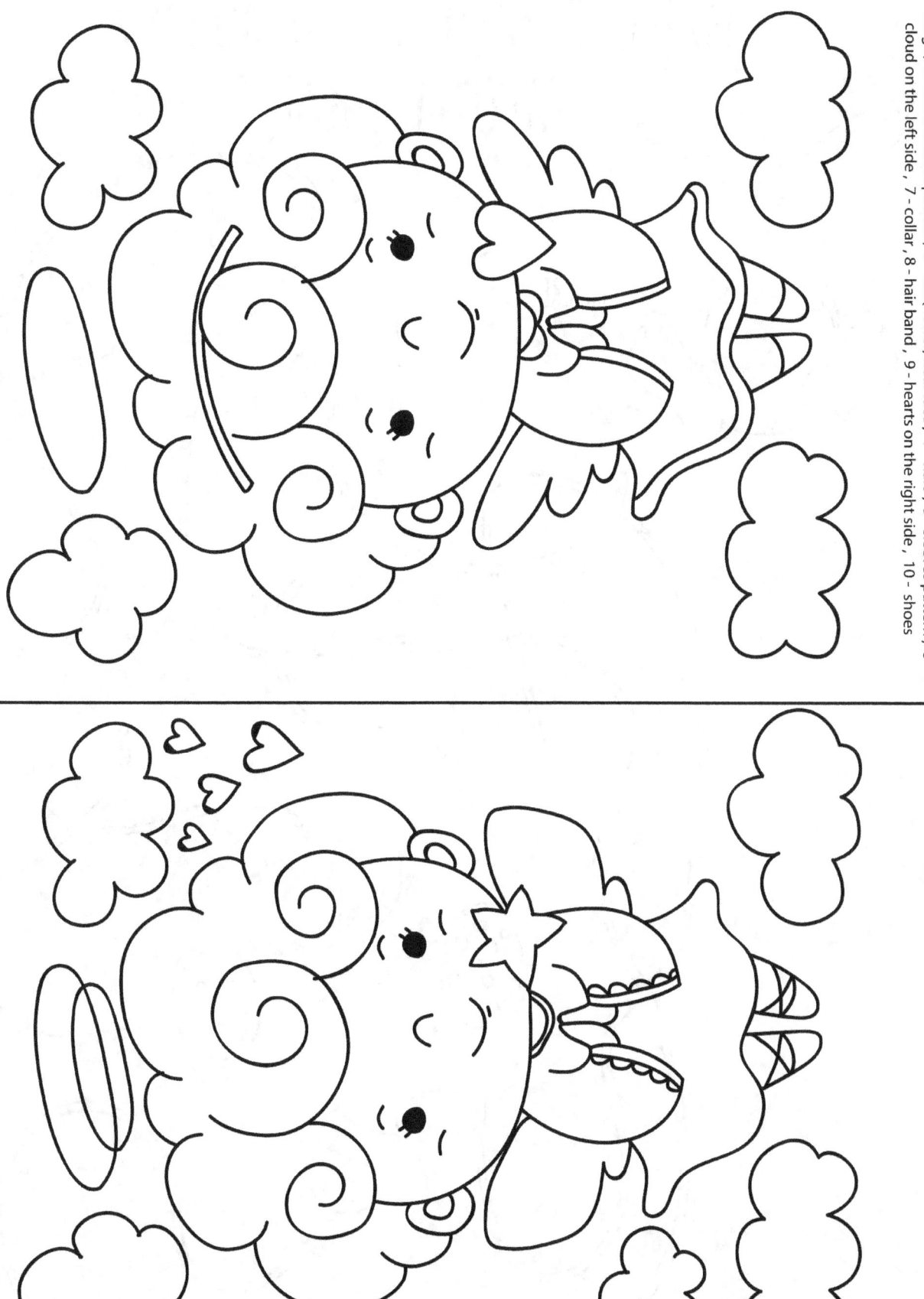

MATCH THE EASTER BUNNY TO ITS 2 FAVORITE EGGS!

START HERE

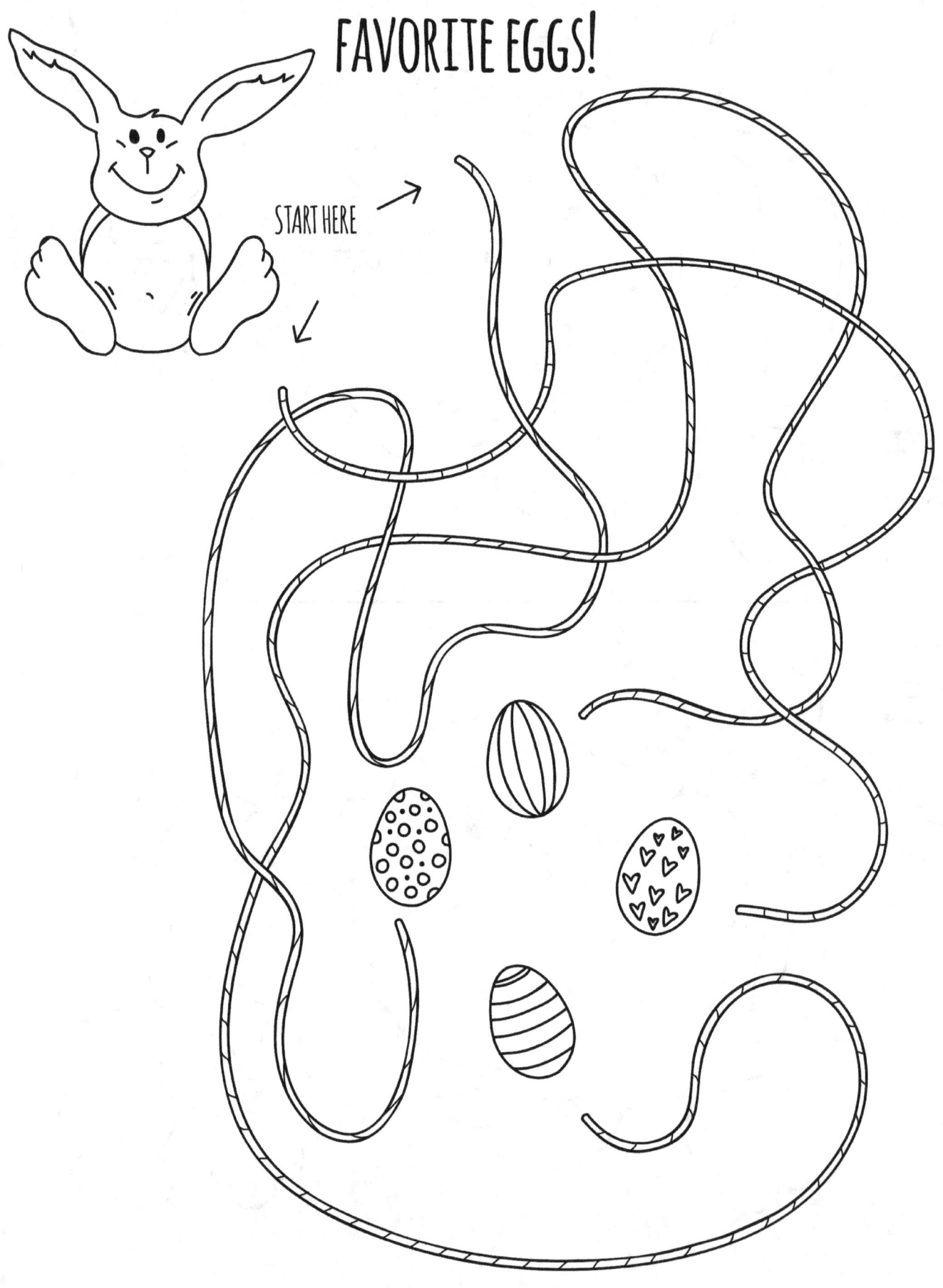

FOLLOW THE NUMBERS IN ORDER TO CREATE THE PICTURE!

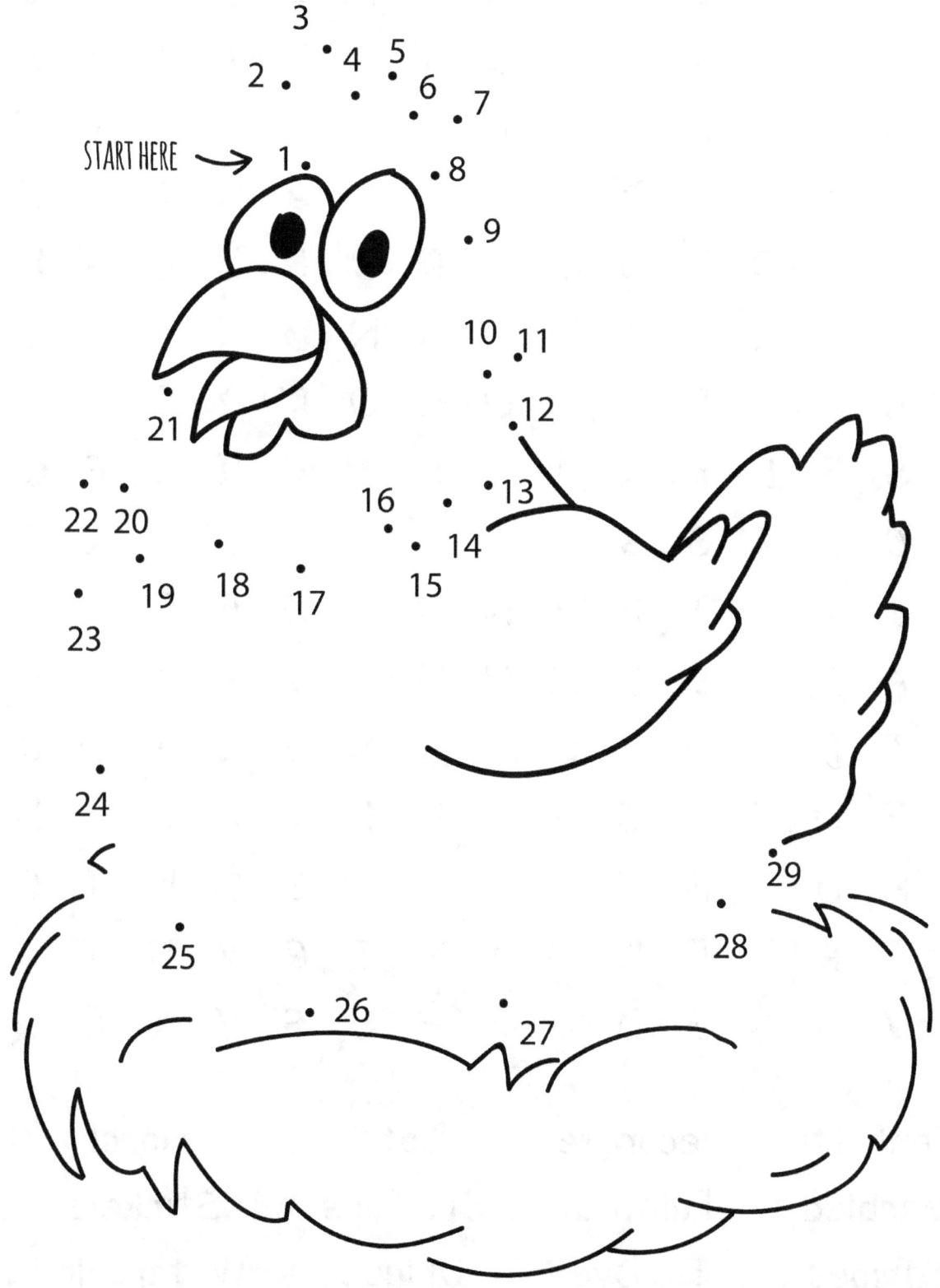

DESIGN THE EGGS!

```
Y O H N W J Y D N T S A D Z I T B
S Q G T C D R J N W F C J F Y Z Y
E E Y G P J T D L W R L I T J K S
P M S W M P Q Q L N J Y O J Y T R
I C J T W G D L T O V A U R Y O E
R I B D O T D M A R B L E D A H K
T X R I X D T X Z S N D X D F L C
S J W A T E R C O L O R R E P P I
W E S E L K R A P S W V R C F Q T
V E C I A S B P D U I A I O K S S
P Y J I T T E F N O C Z F R D U F
T A A Z T B L N U U E V A A U U U
E I I B R M H O S G N U I T O J A
P D E N C Q S V M U P I R E L H B
K T H D T H X M S Q X S Q N T O X
T L T R Y E D Q T B Z G V U T C D
B F M G B E D L Z H E S V K E Q W
```

Confetti   Decorate   Dots   Floral
Marbled   Painted   Sparkles   Stickers
Stripes   Tie Dye   Unique   Watercolor

62

SPOT 10 DIFFERENCES

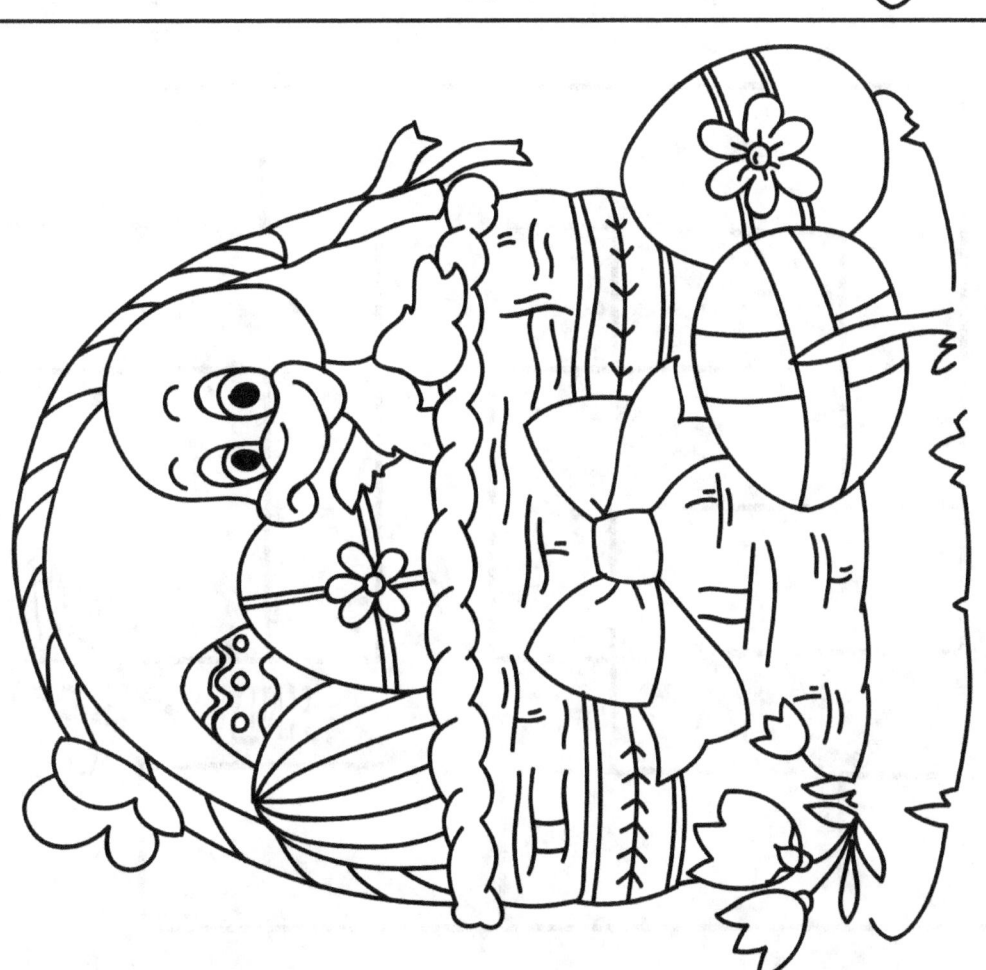

1 - flower(bottom left), 2 - right egg pattern(bottom), 3 - duckling's head feather, 4 - bow ribbons, 5 - butterfly on the handle, 6 - ribbons on the handle(right), 7 - extra egg in the basket, 8 - pattern on the left egg, 9 - pattern on the ribbon(near the bow), 10 -flowers behind the basket(right)

HELP THE BUNNY FIND HER CARROTS!

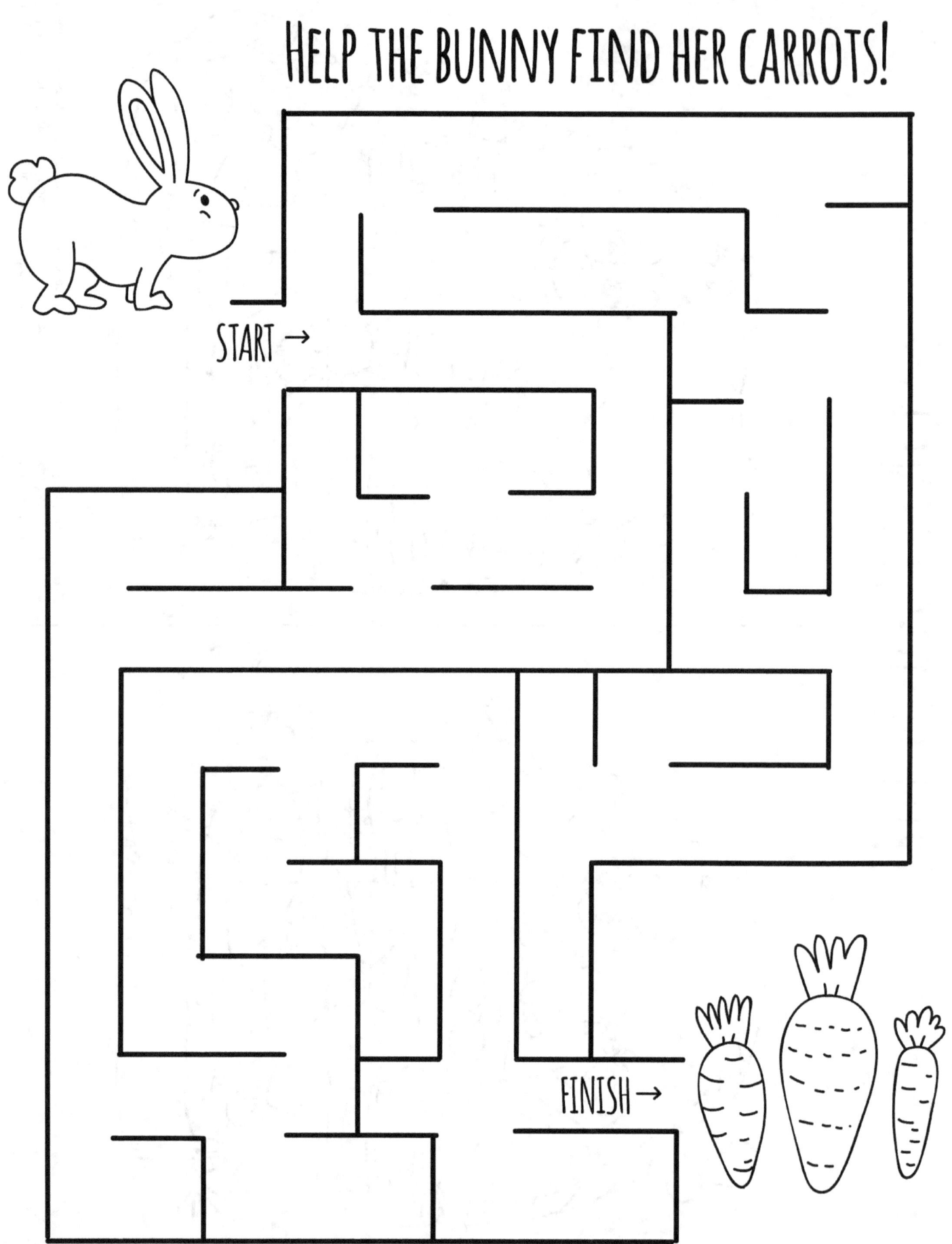

START →

FINISH →

FOLLOW THE NUMBERS IN ORDER TO CREATE THE PICTURE!

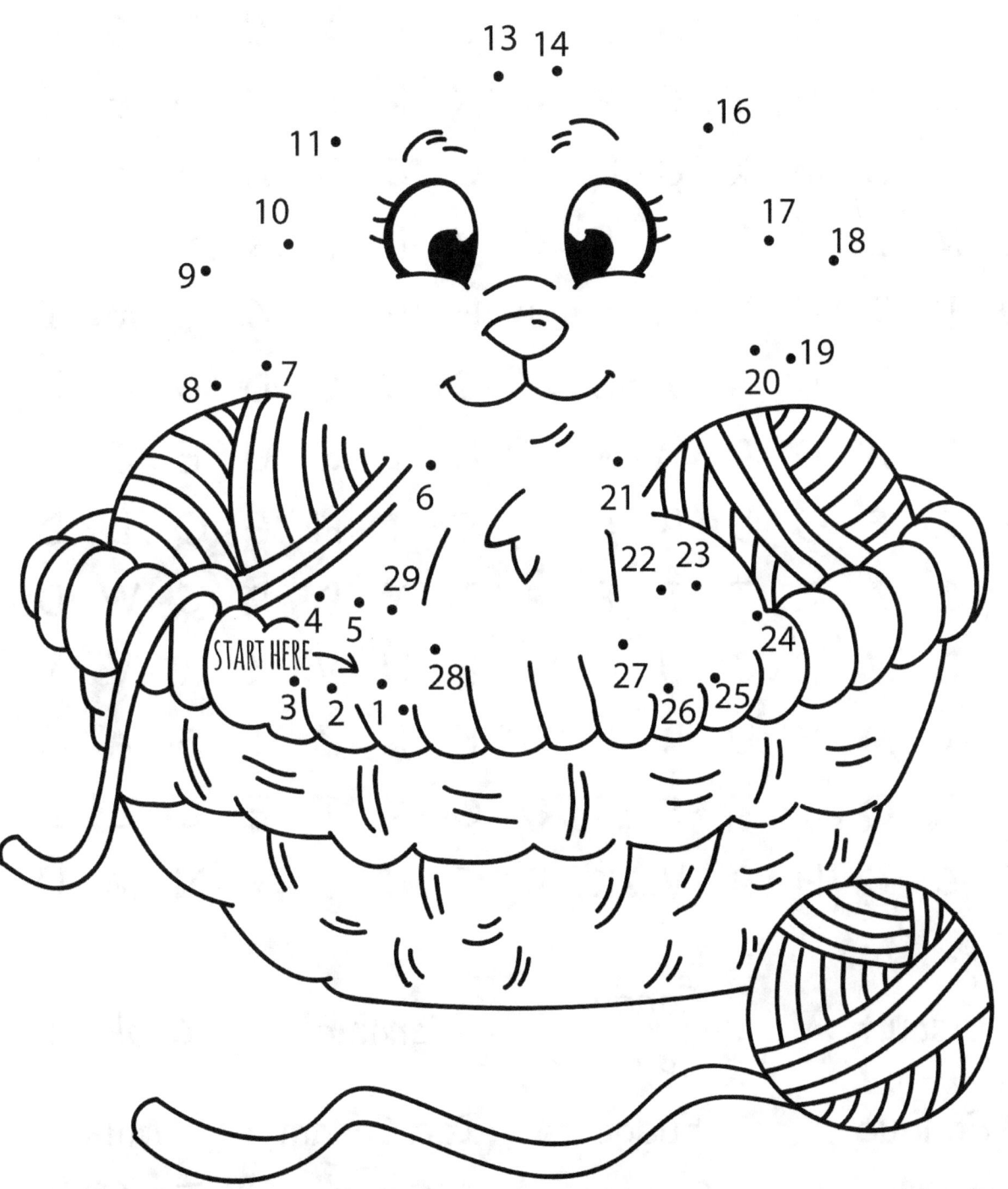

EVERYTHING....CHOCOLATE!

```
O E Z T E R U A T C X H I F I I G
Y E C Q R D G V L C Q E S H Z M E
C S N C A R A M E L S I F M V V U
L E Q V O Q P I N I K B K E X W D
N N G F H L G J T C C X C I S R N
S M O R E T C R A X R D V M E B O
Z Z T S M K U N T O C X A Y I T F
P Z M I X F D K C V L E X S J Q N
U U L I F Y M K J H R V C L M I B
R K Z L B A Y U Y C U U D C O X K
Y N E A G R M W E U I S U E J S I
S S R F O E B C H T T H G Q L D N
E Y I A Z T I P A T Y D R C W D X
Q O D Y K J U G G E U V K W V Y M
F K V M Y U R E D F K Z T S A S R
A E K Q J K S C O O K I E S Z Z E
H I C C H R V K R I C L Y N M U L
```

Biscuit

Candy
Bar

Caramel

Cookies

Fondue

Fudge

Ice Cream

Milk

Rocky Road

S'more

Syrup

Truffles

SPOT 10 DIFFERENCES

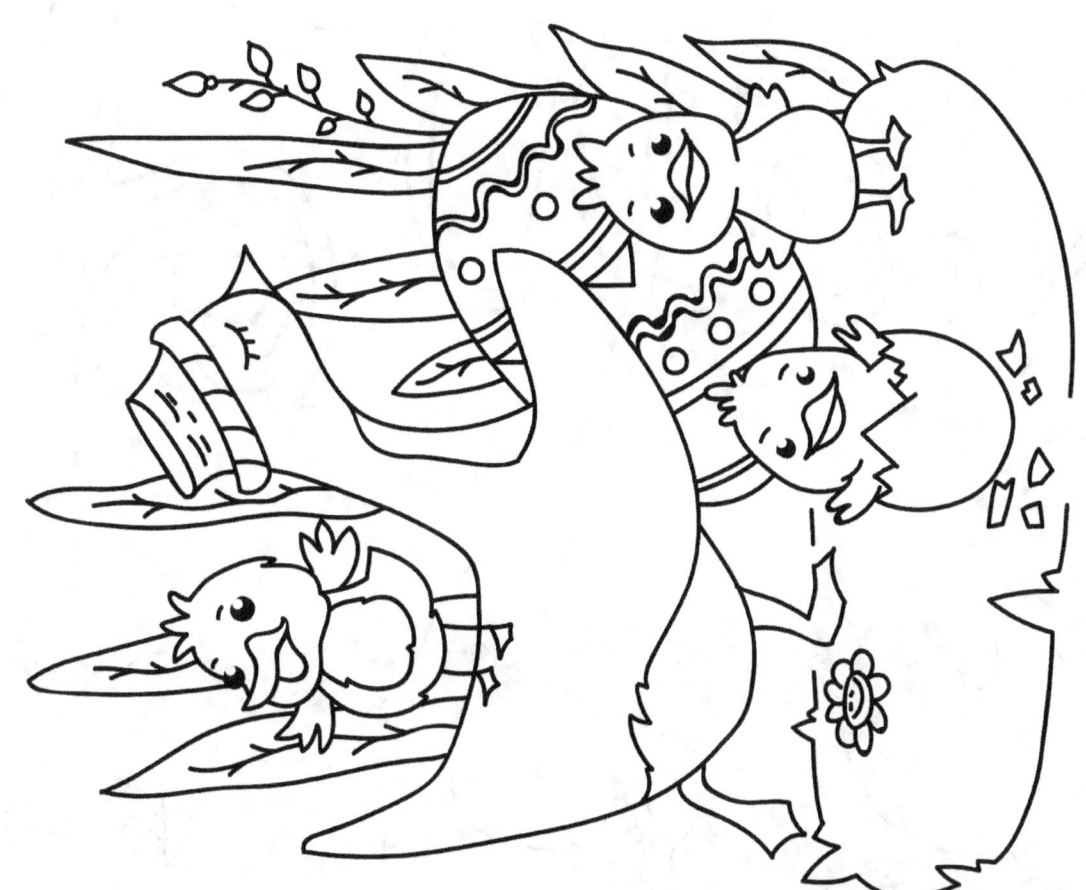

1 - duck's hat , 2 - duckling's fur (upper), 3 - pieces of egg (botom) , 4 - leaves (right side, behind the egg) , 5 - duck's leg , 6 - flower near the duck , 7 - duck's eye , 8 - upper egg part on duckling's head (center) , 9 - duckling's feathers (right) , 10 - duck's belly part

MATCH THE BABY CHICKS TO THEIR MOM!

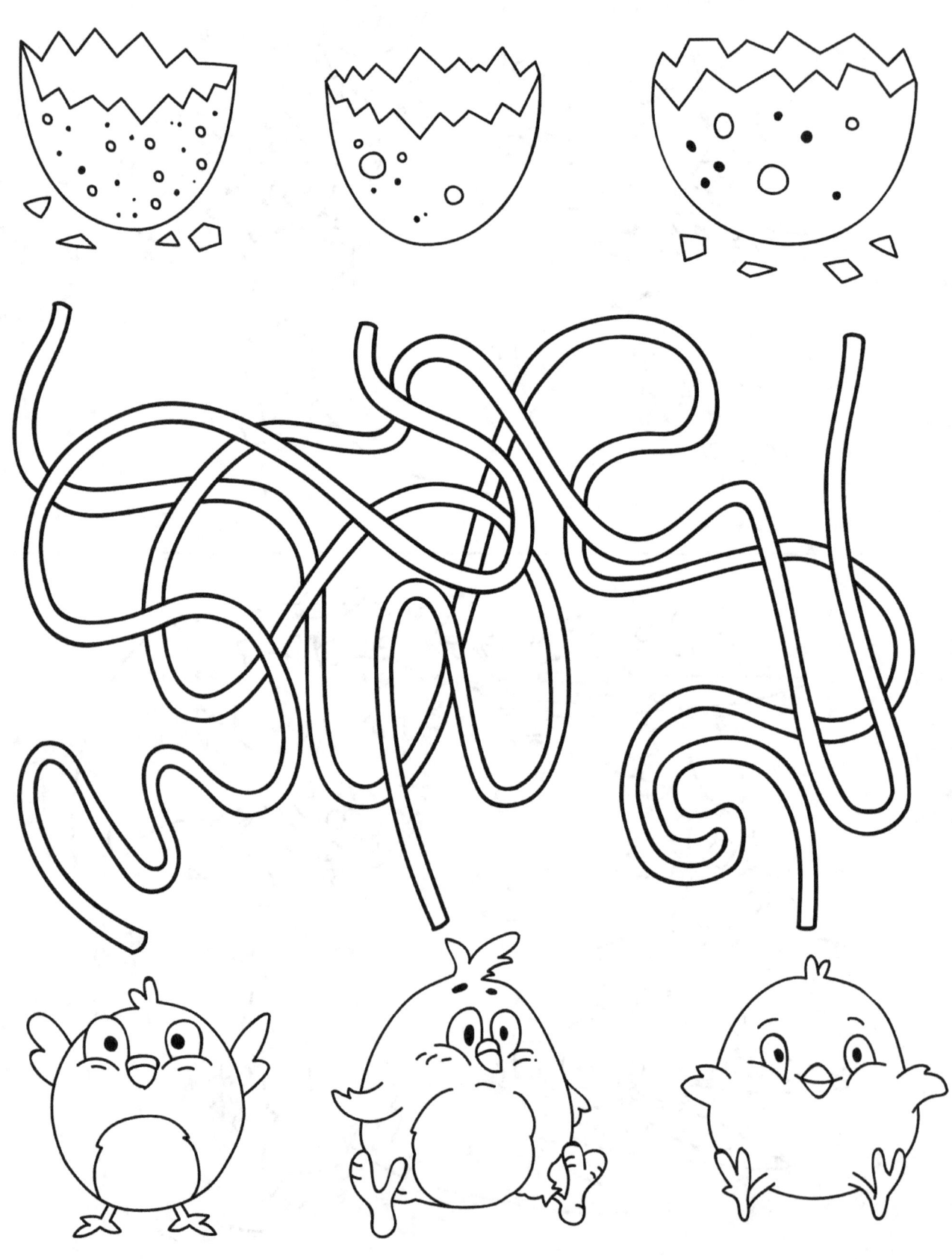

FOLLOW THE NUMBERS IN ORDER TO CREATE THE PICTURE!

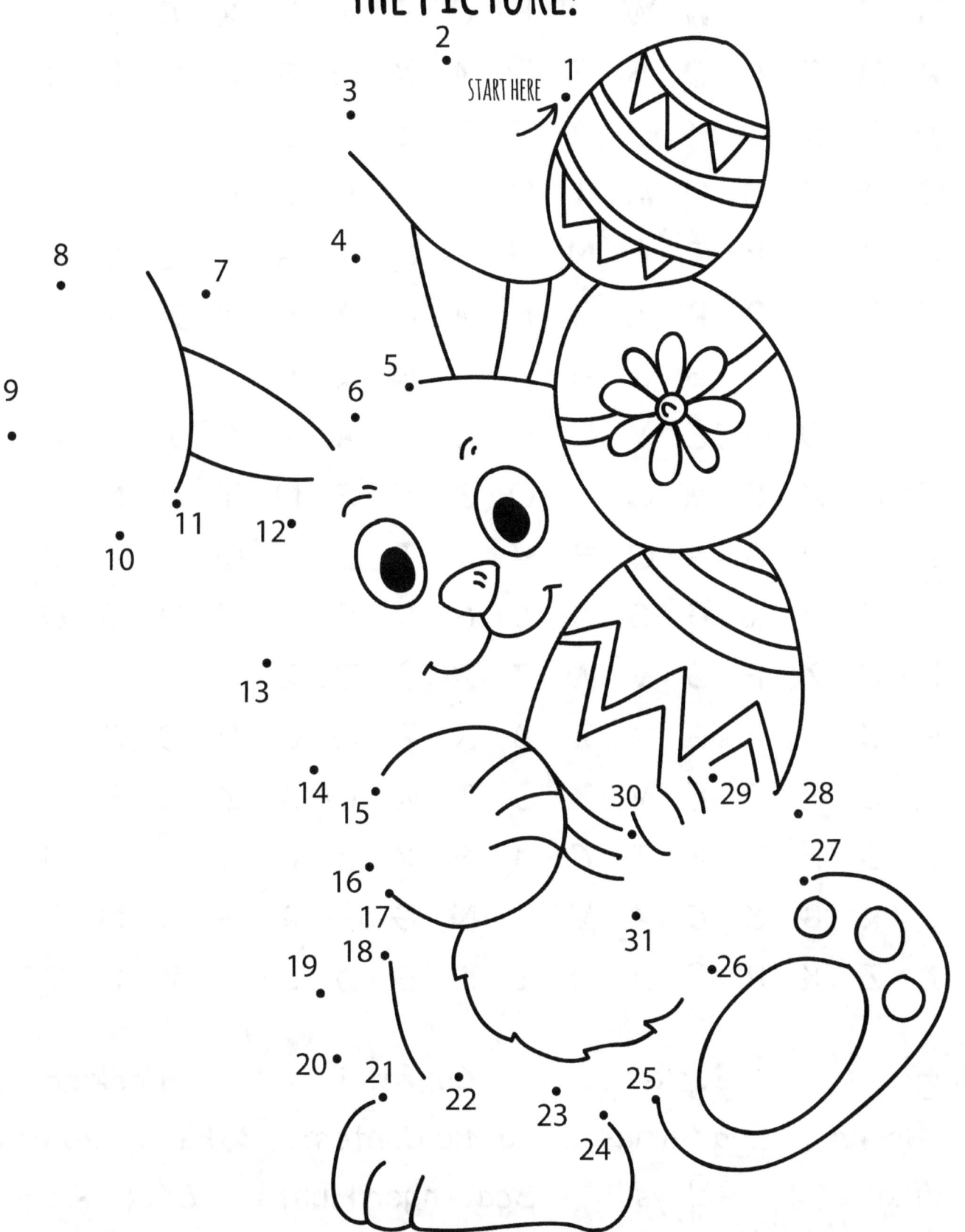

START HERE

FAMILY FUN!

```
V H Z S Y W W Q E C E T Y X C G S
L R M T L Q S F I A X N S P N F Z
Y W E R O K O R S J T Y S I E O D
O Q J Z O Q M T H S A K K C R O R
F U K O P I E N H L Q O A Y E G B
T F B L R R X B E A O R P Z X N J
A B H R B S J R P C N K L C E I O
I A F O Z E Y U G O F A A S I B K
N F O Z G M Q L O Z Y S N T V N E
U K V H G A Q P V D I Z T Q V K C
S Q S R K G S C C G R E F H U O O
D Z C Z P G V W J Z F T L O H P N
O G C G L G A Z B N Z N O R O Q T
T M S F Z E V Z O I W C W Z K E E
W F G F R E I C A S X D E K L H S
H J K B S C A V E N G E R H U N T
V A Z X R E A D I N G D S P M U Q
```

Bingo   Books   Confetti   Cooking
Easter Books   Egg Games   Joke Contest   Plant Flowers
Reading   Relays   Scavenger Hunt   Spoon Race

70

SPOT 10 DIFFERENCES

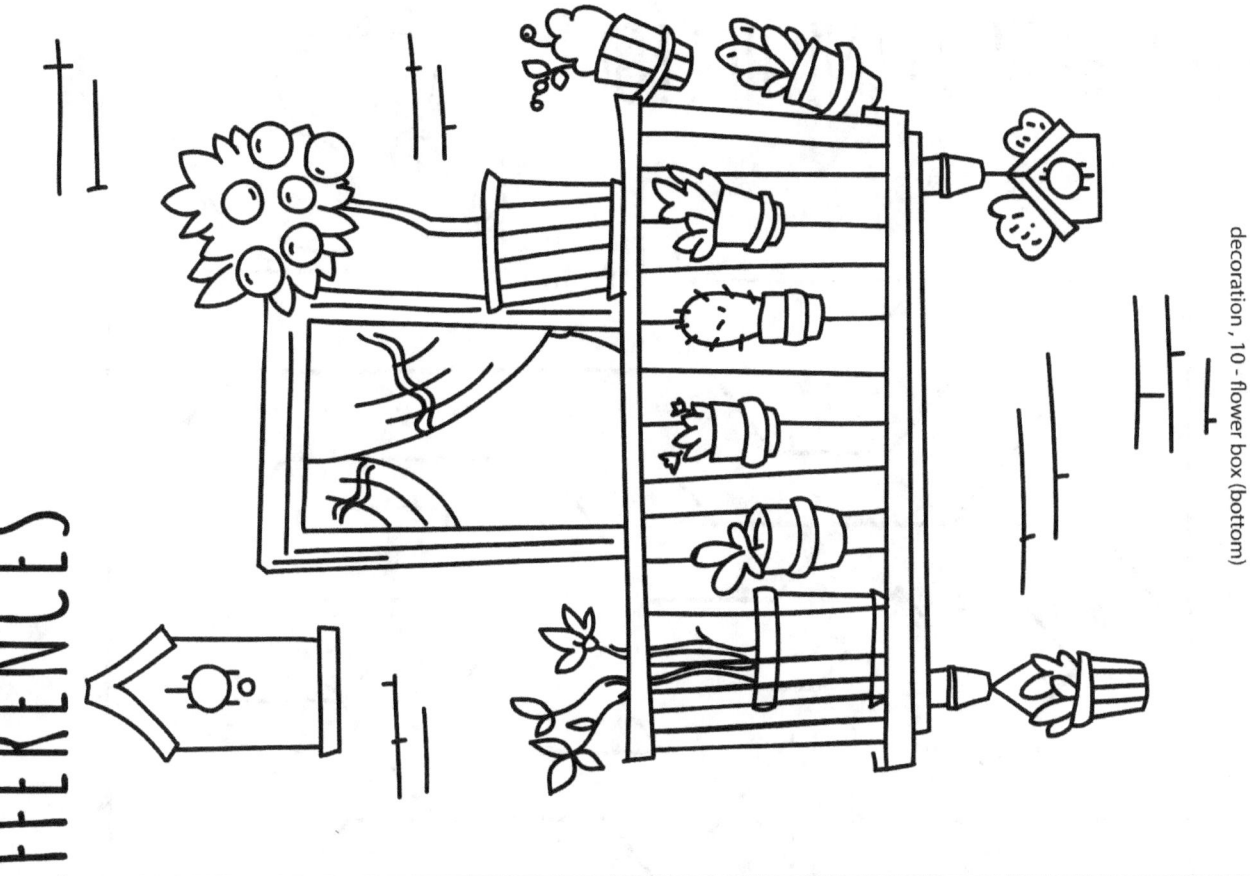

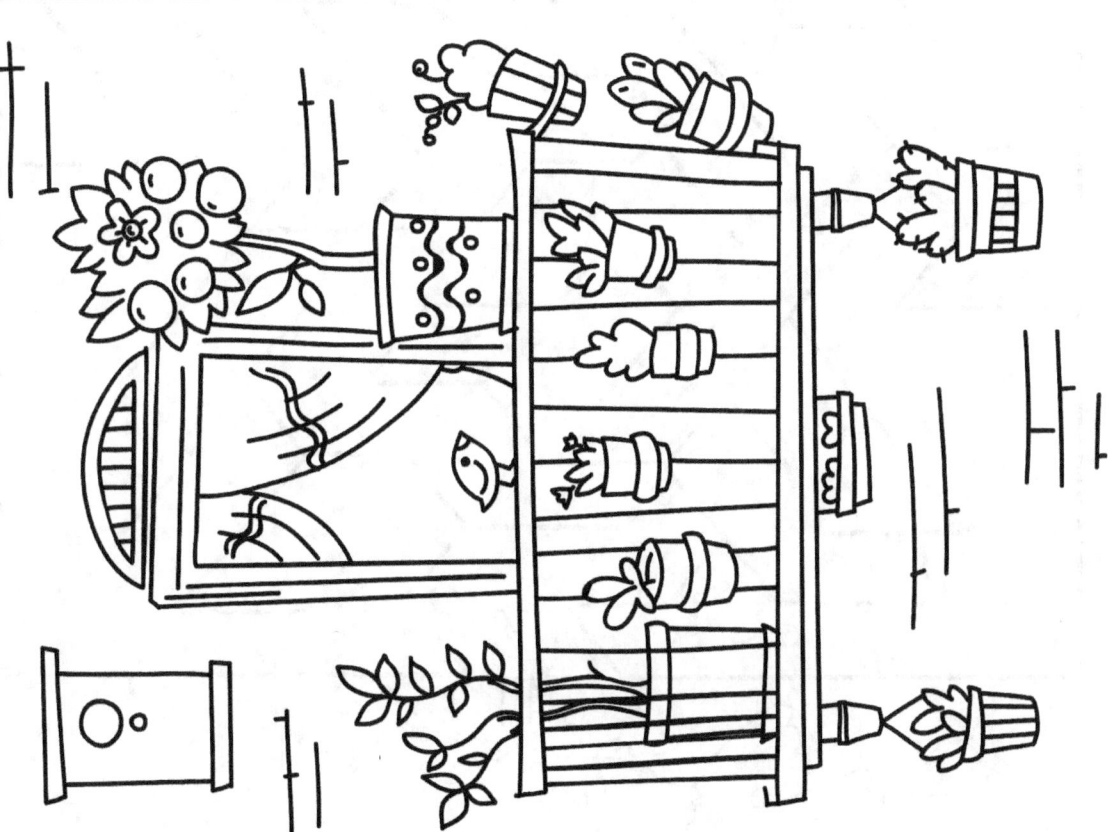

1 - bird house on the upper left , 2 - bird on the balcony , 3 - patter on the flower pot(on the balcony) , 4 - leaves on the orange tree (on the balcony) , 5 - cactus on the balcony(center) , 6 - bird house(bottom right) , 7 - flower on the orange tree , 8 - leaves (balcony, left side) , 9 - window decoration , 10 - flower box (bottom)

HELP THE HEN FIND HER EGG!

FINISH

START

FOLLOW THE NUMBERS IN ORDER TO CREATE THE PICTURE!

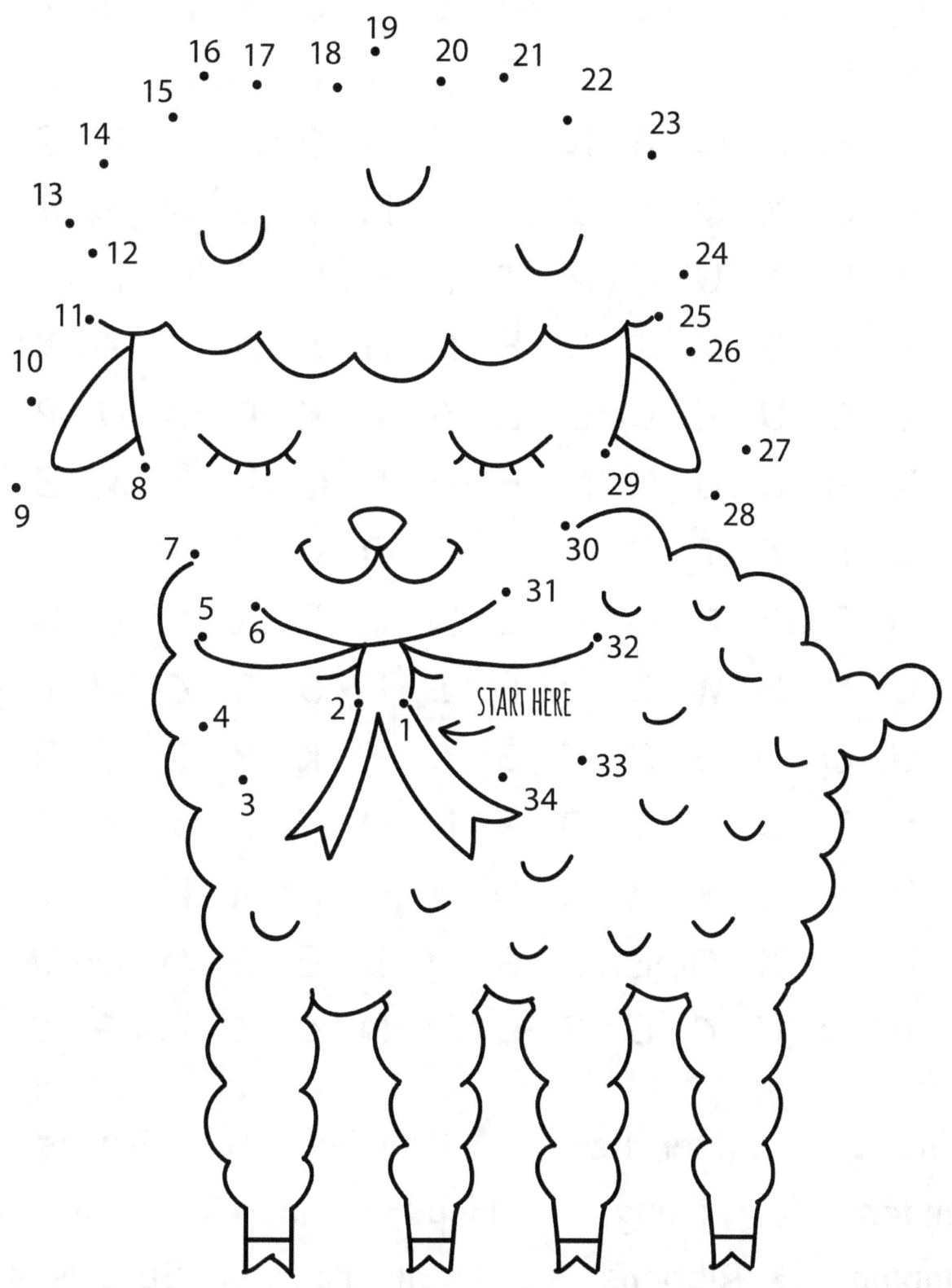

FOLLOW THE EASTER BUNNY!

```
H B C P R E I N B O Y J B Q E C V
Z S Q O Z T L A R I L J X N E X C
H S E H M K U E B Q O K J M O Q J
W X V P Q Q A N U Y H G B S F G S
O W P O X Q K G T N N V B N T J G
V V A H I U U M T L B H G O L M S
H H Z P E M J U E N G C A B A K H
U R T O U K C G R S X K R B U P S
T S X H E U N N F D R Q D I M Z U
G E S F I I I Q L G Q U E R D U R
L M Q I P D U B I N Q F N O E N P
X A U M N W I Q E I F G O C W K R
Z G U Q Q G Z N S C F K Y I V R I
Y J O T C Y I Q G N M X F Y Z P S
H J V G Y Y X N O A U W A H B V E
W H H G K O E K G D L E C M U U S
F D D O U C G B O U N C I N G C Y
```

Bouncing	Butterflies	Dancing	Games
Garden	Hiding	Hop Hop Hop	Joy
Jumping	Ribbons	Singing	Surprises

SPOT 10 DIFFERENCES

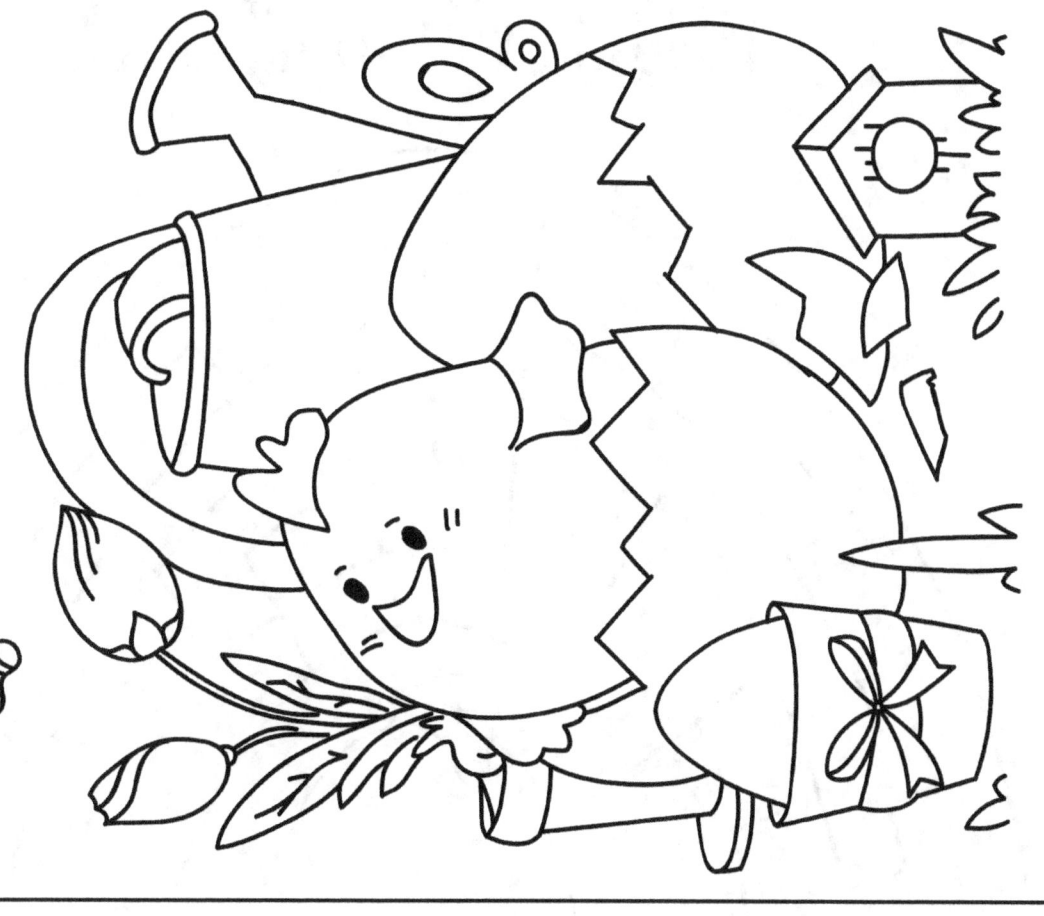

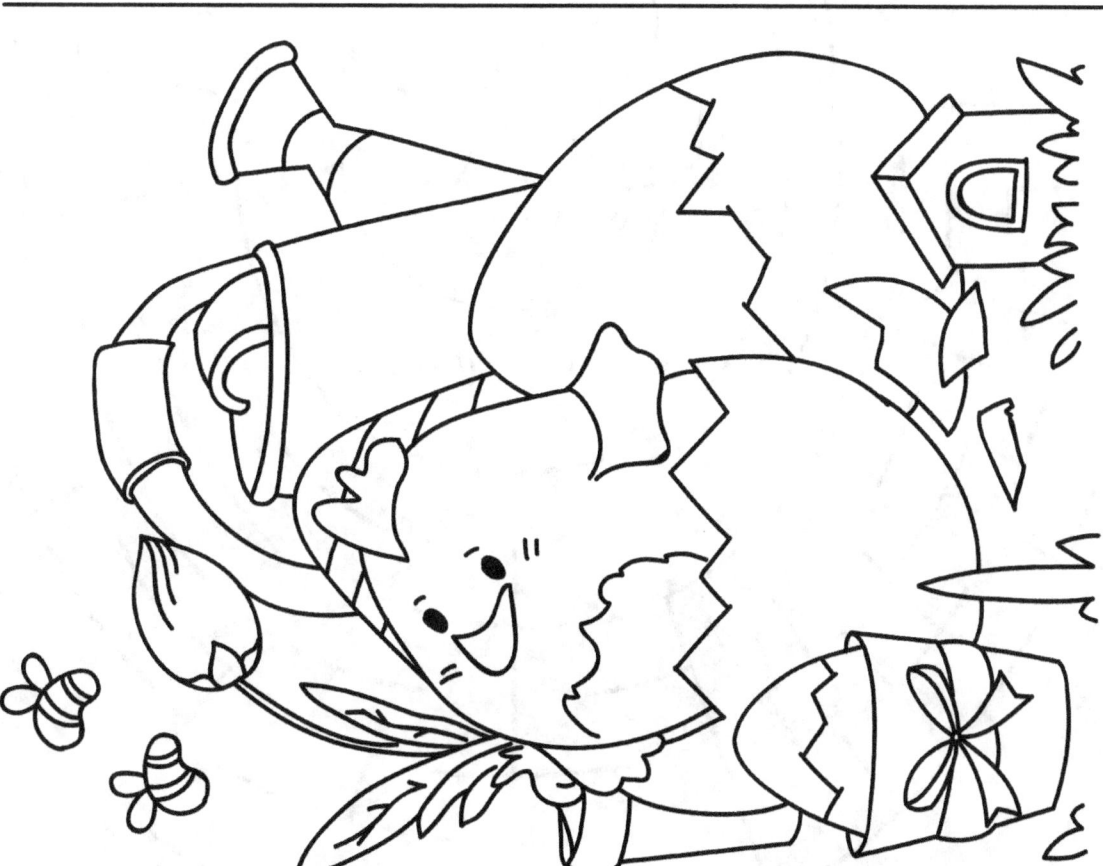

1 - bees , 2 - pattern on the egg(close one) , 3 - bird house window , 4 - chick's belly feathers , 5 - flowers on the left side(behind the chick) , 6 - pot spout , 7 - pot handle , 8 - egg behind the chick , 9 - pot stand (behind the chick) , 10 - butterfly(on the right)

FIND THE WAY TO THE CHICK!

START →

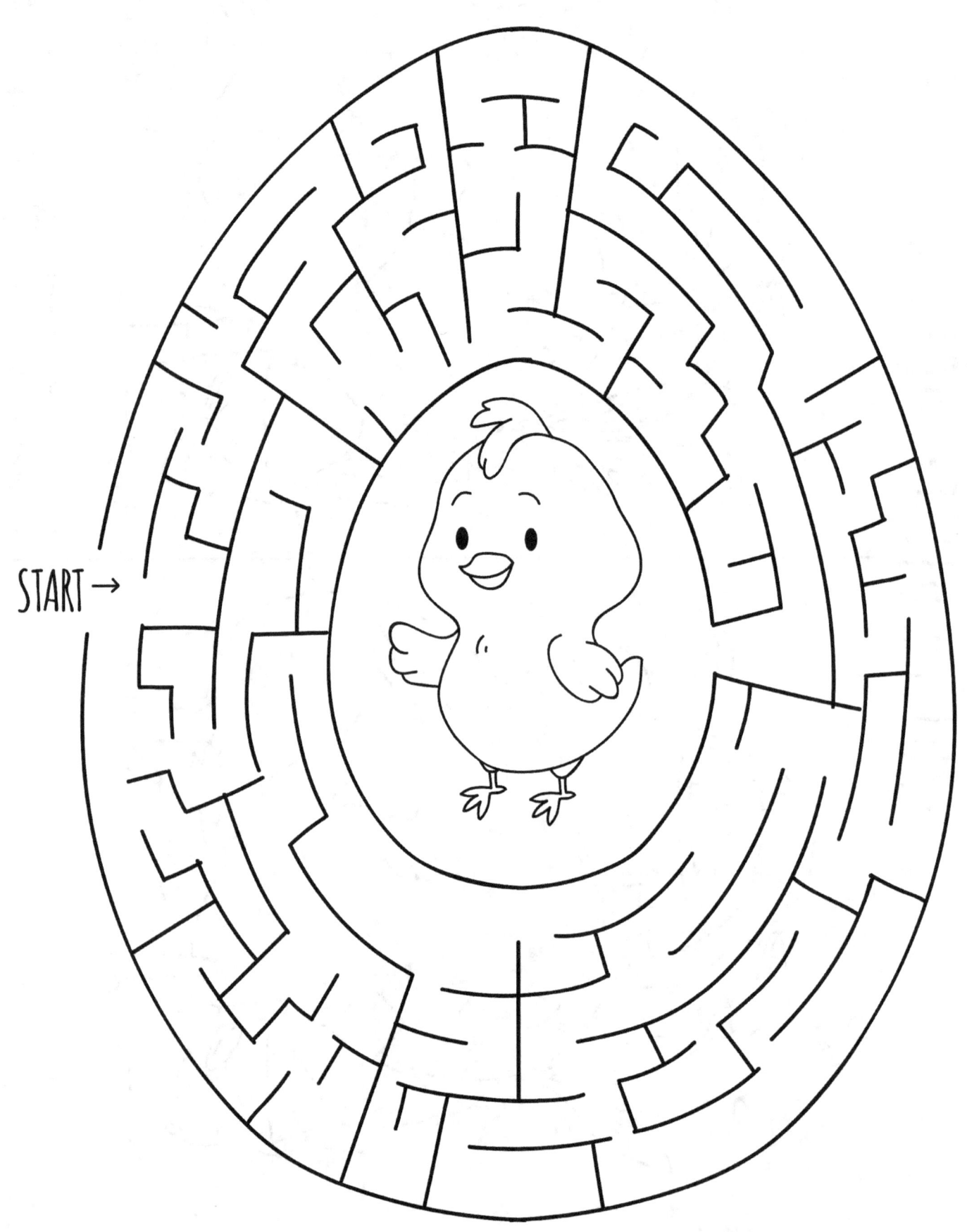

FOLLOW THE NUMBERS IN ORDER TO CREATE THE PICTURE!

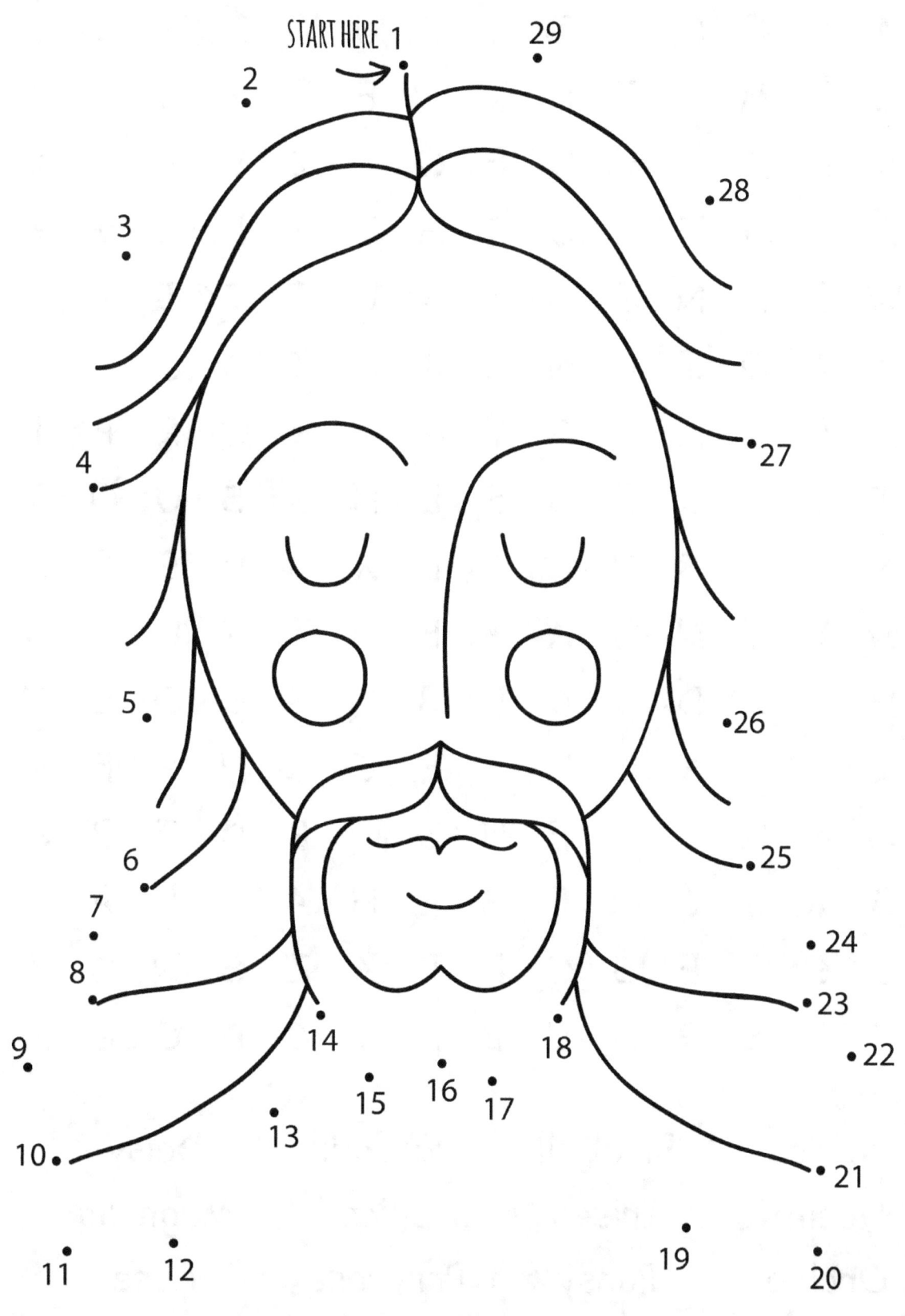

STOP AND SMELL THE FLOWERS!

```
D R H K Z N Y Y L E M J T D G J M
Q D A F F O D I L S U W D W C Z E
Z O K L M T F L K W E F X G P K P
R R L R A C V O F O O I V Z C I R
H C W W G X A S R H I H L Z M Y I
V H W B N N J M T R U T I I A C M
T I J W O J L N I J G K D J L B R
J D X E L N I S Y N I P Q R P T O
P V T J I C E S S L H G S U O I S
S M N P A S O L I L X S D B E P E
Z H W Y J N Q A A E V Z V U B O V
Y Z H W X D G C D B Q T C O L T E
Q S I F F X D U P E C C H P F J P
X X N N A S L F U U Q B D F B W D
H Y B A J C Q F S L H A E L A Z A
B T S O P E S O R B A Z S N D Z P
S C I K S R A C B X V C D O G Z U
```

Azalea   Bluebell   Daffodil   Daisy
Hyacinth   Irises   Lilies   Magnolia
Orchid   Pansy   Primrose   Rose

SPOT 10 DIFFERENCES

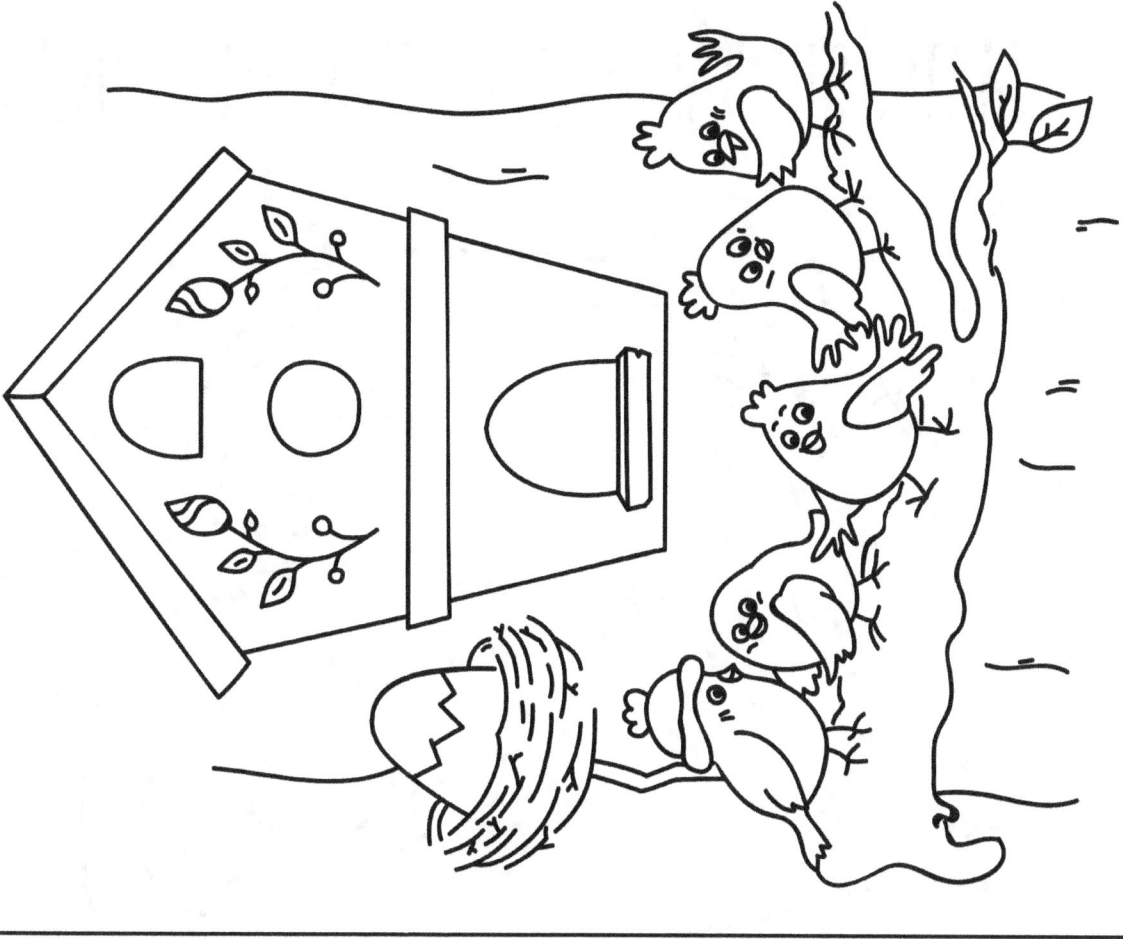

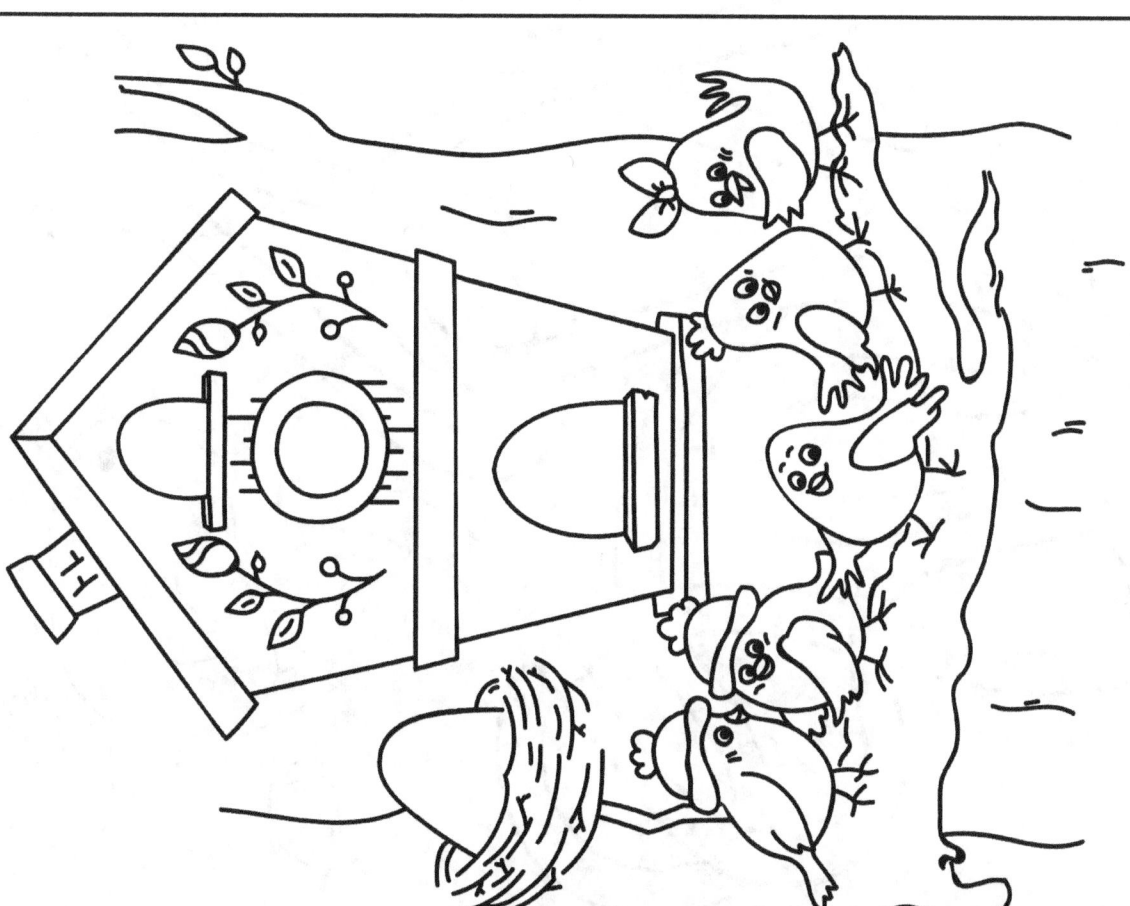

1 - egg pattern, 2 - upper window at the bird house, 3 - bird's hat(second bird), 4 - bow(fifth bird), 5 - leaves(bottom right), 6 - bird's feathers(middle), 7 - branch(upper right), 8 - bird house bottom window, 9 - bird house steps, 10 - bird house chimney

MATCH THE BABY CHICKS TO THEIR MOM!

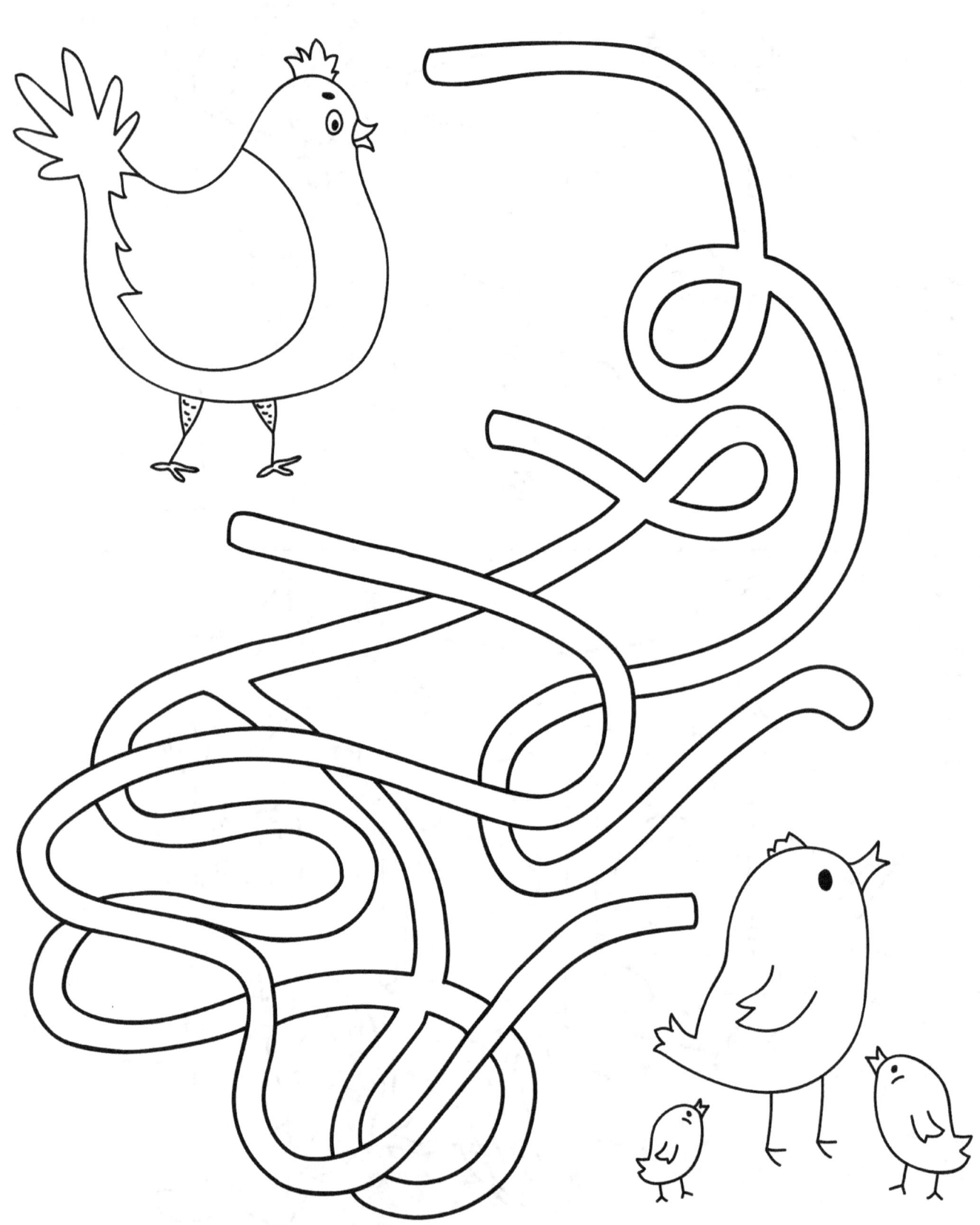

FOLLOW THE NUMBERS IN ORDER TO CREATE THE PICTURE!

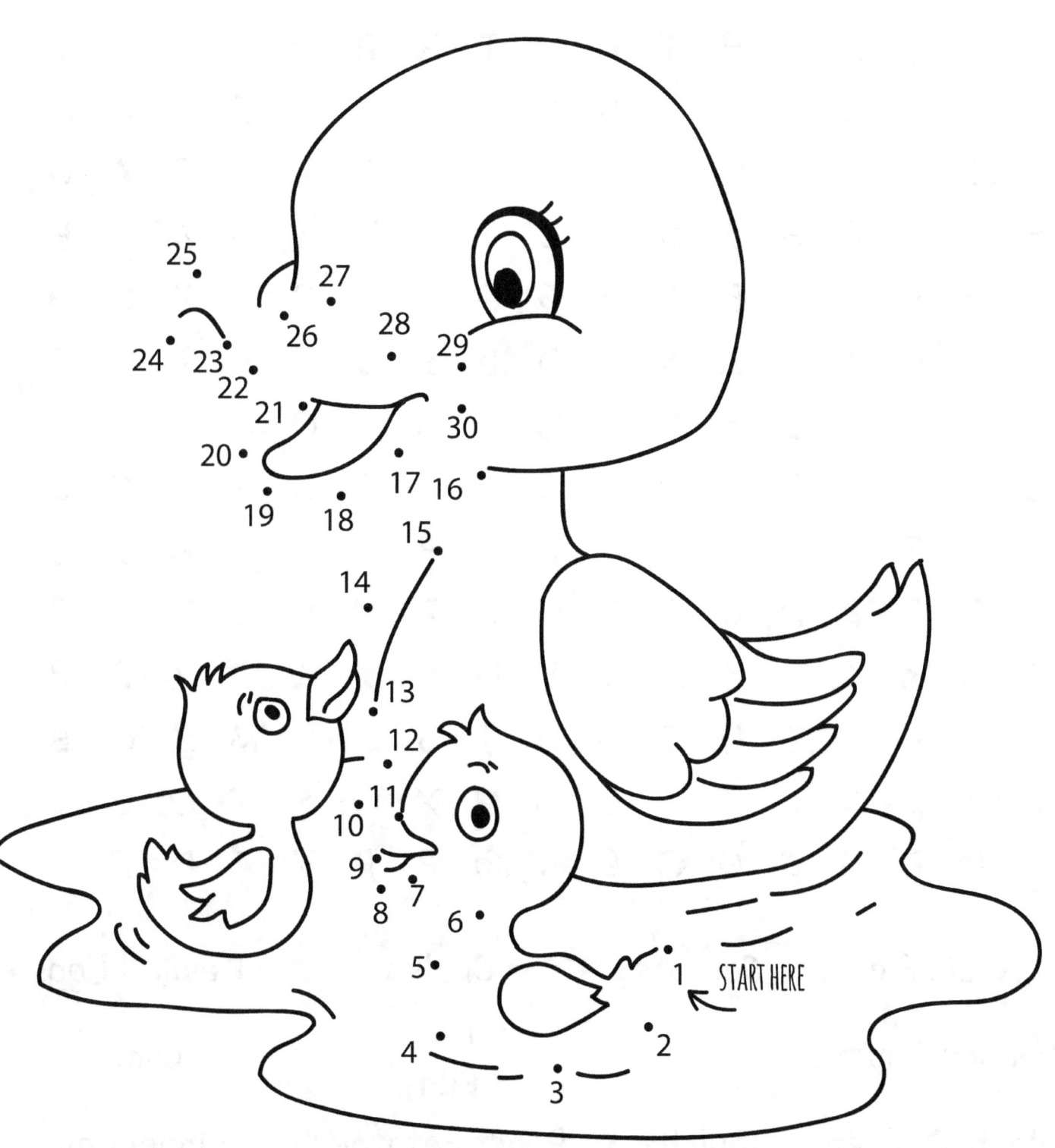

TIME TO EAT!

```
S E O T A T O P T S A O R O U U O
L O E K X X L F W A I R Q X K P J
F M R P C V U B Y R C H B U F P N
B X E A A E T F U I X R D M B O M
J P O R E L B B O C H C A E P C H
P C S I M N E L C A K E A Z G A U
S N U B S S O R C T O H Z S W R E
D E V I L E D E G G S F Q D K R D
G T L W H Z X V D B I C J K R O C
Q V A V L F R E N C H T O A S T I
Q E M A K L A H C T U J C G C S B
U N B W R X K A C A P P L E P I E
I T F F H U O E U L Z U L Z T Y G
C U K C H A M V V U O K W I X B P
H P D U D D I W U J G G M M Z O B
E T Z X F Z G D N N X W S T O E I
C M D S C G Q G R Q P P V A D Z F
```

Apple Pie

Carrots

Chalka

Deviled Eggs

French Toast

Ham

Hot Cross Buns

Lamb

Peach Cobbler

Quiche

Roast Potatoes

Simnel Cake

SPOT 10 DIFERENCES

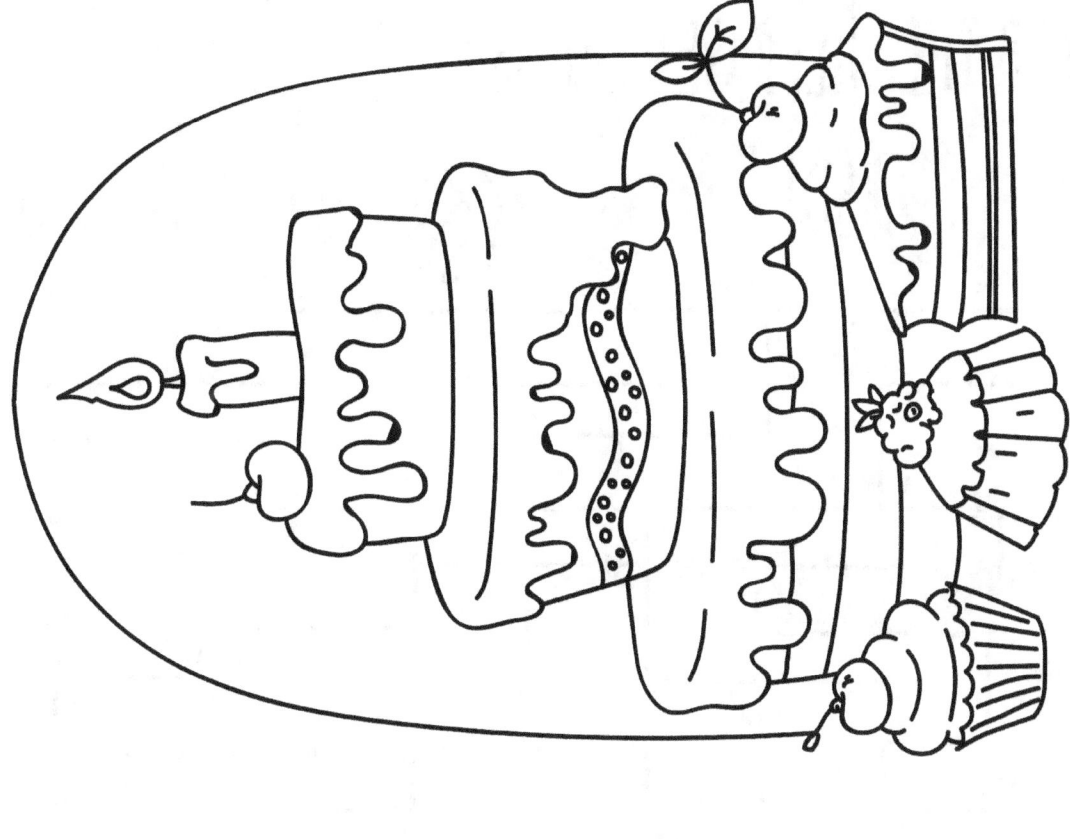

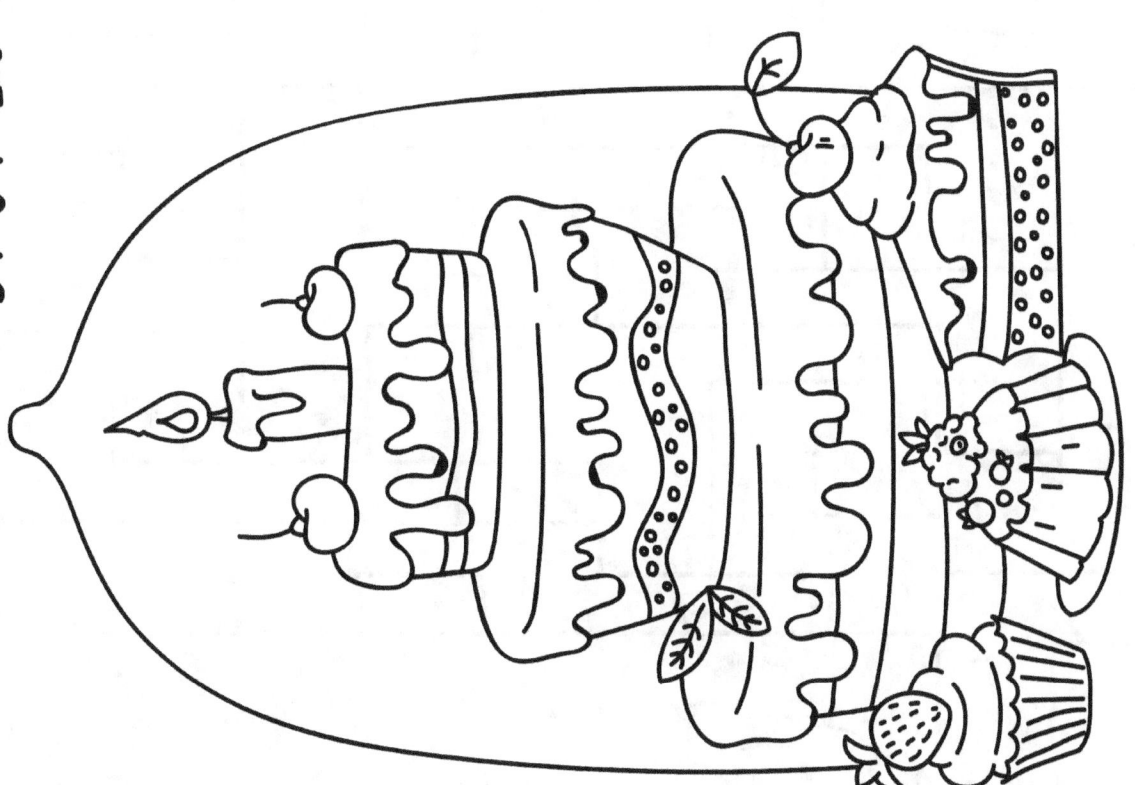

1 - cherry leaves (cake piece, bottom right), 2 - straberry on the cupcake (bottom left), 3 - cherry on the cake (upper layer), 4 - glass form shape(upper), 5 - cream(middle layer), 6 - leaves(middle layer, left), 7 - saucer(middle cupcake), 8 - upper layer filling, 9 - piece of cake bottom layer(bottom right), 10 - berries on the middle cupcake

83

HELP THE SHEEP GET IN BED!

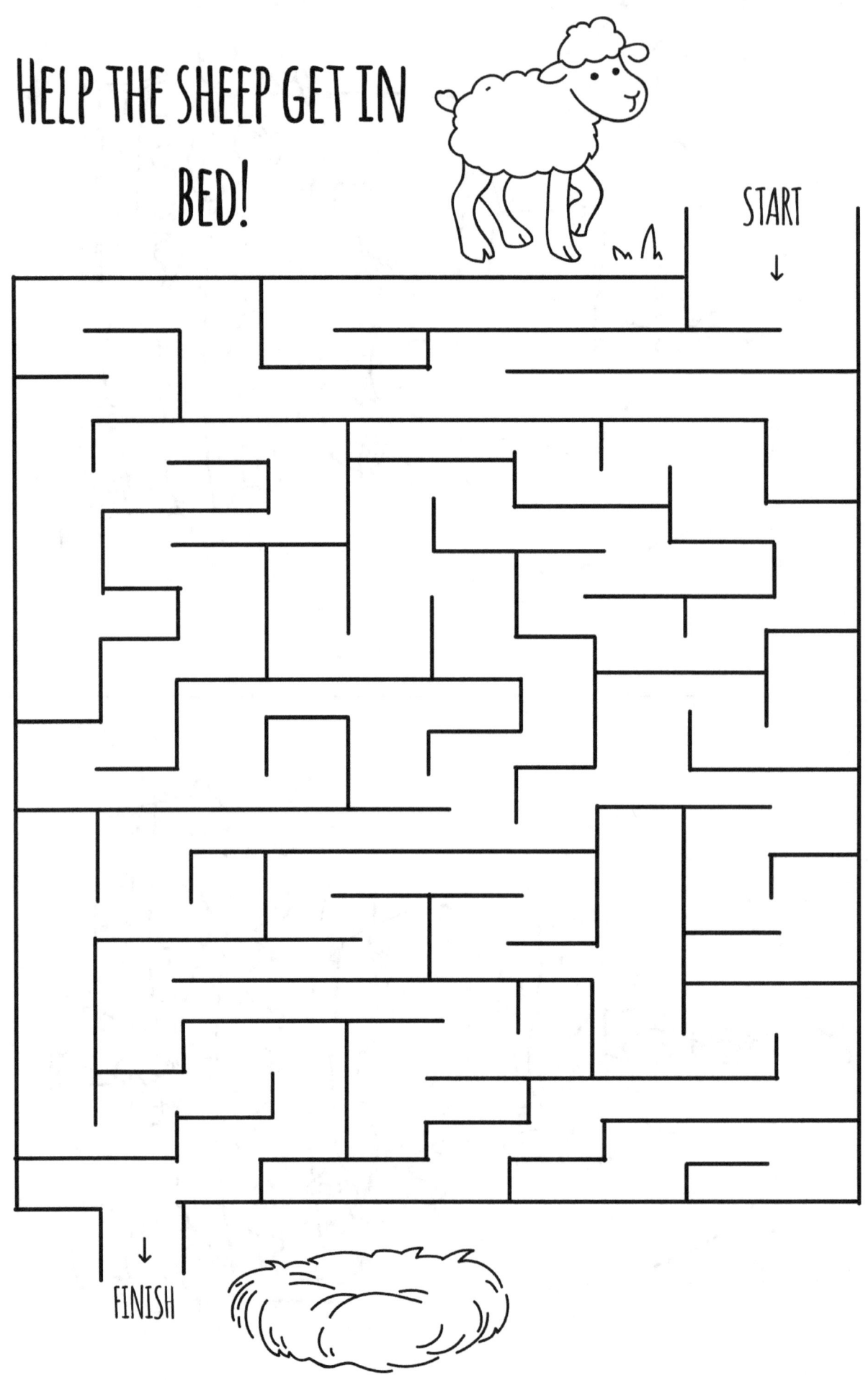

START

FINISH

84

FOLLOW THE NUMBERS IN ORDER TO CREATE THE PICTURE!

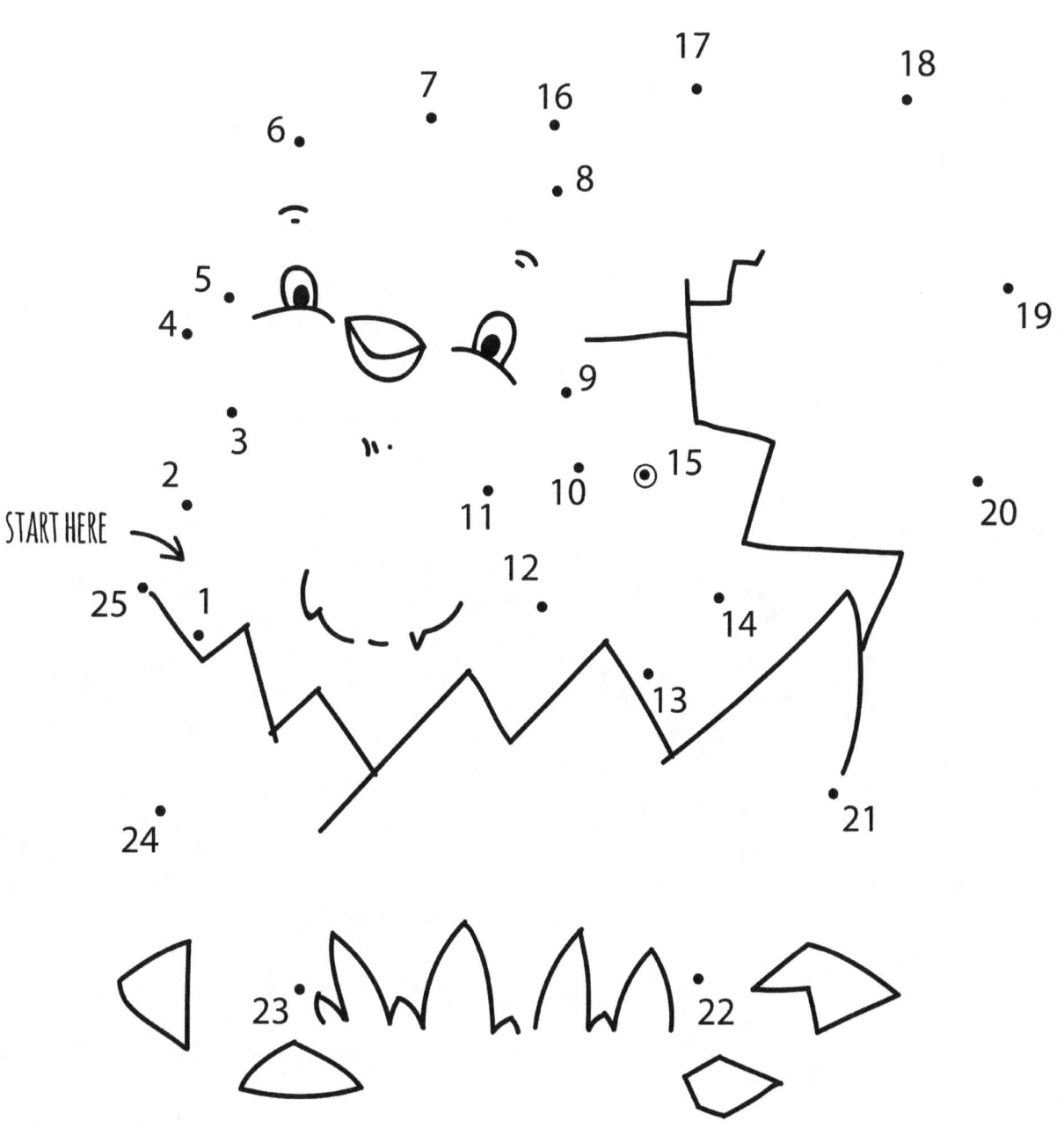

START HERE

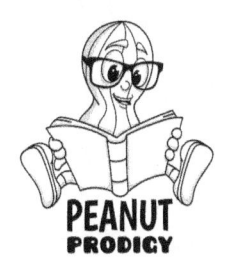

PEANUT PRODIGY

CHECK OUT OUR OTHER BOOKS !

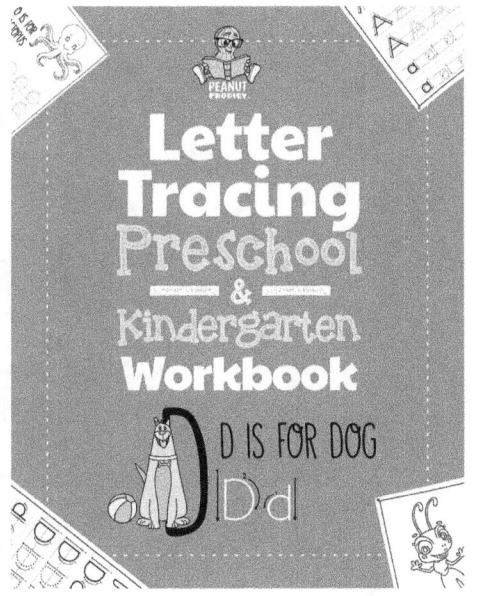

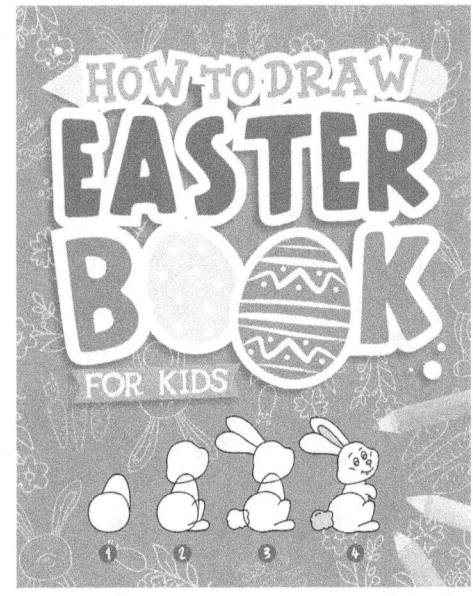

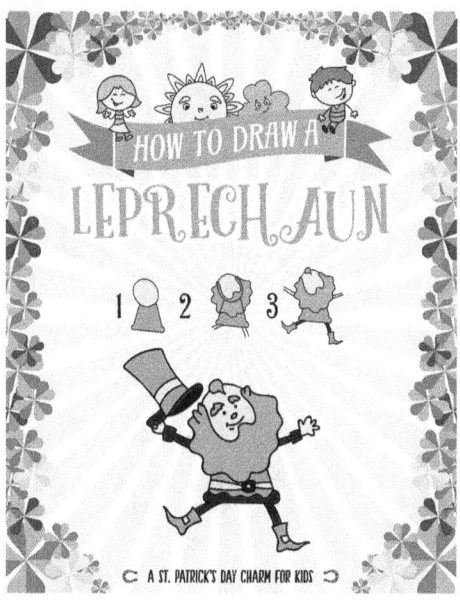

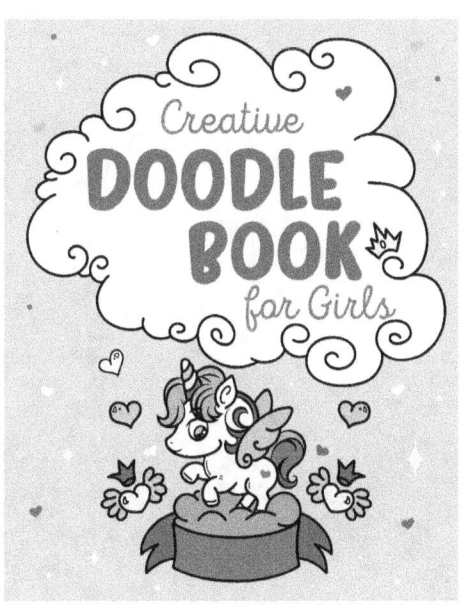

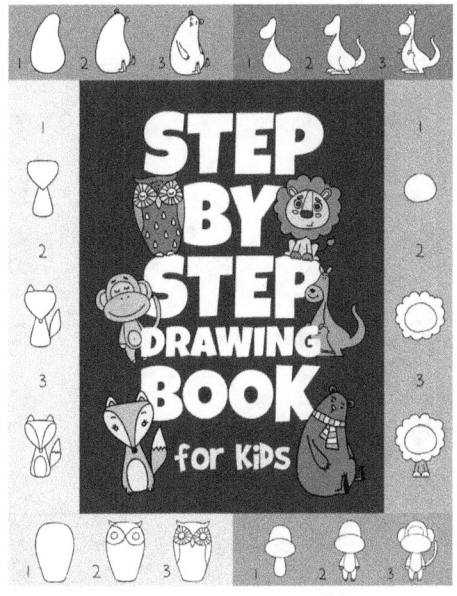

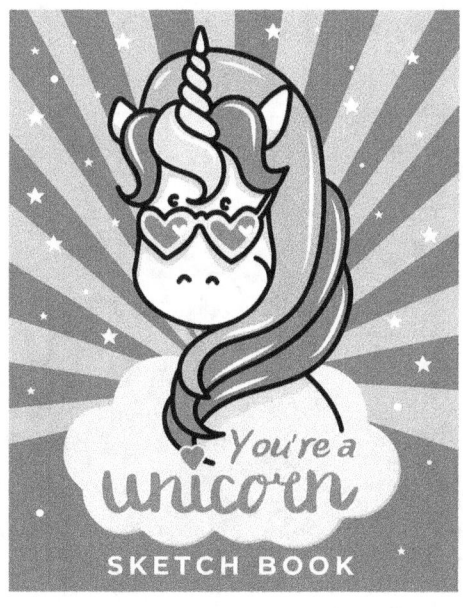

VISIT OUR PEANUT PRODIGY STORE ON AMAZON!

www.ingramcontent.com/pod-product-compliance
Lightning Source LLC
Chambersburg PA
CBHW081612220526
45468CB00010B/2845